ACTE V, SCÈNE V.

PAUL JONES,

DRAME EN CINQ ACTES,

Par Alexandre Dumas,

REPRÉSENTÉ POUR LA PREMIÈRE FOIS, A PARIS, LE 8 OCTOBRE 1838.

PERSONNAGES.	PERSONNAGES.
LE MARQUIS D'AURAY.	M. DE LA JARRY.
LA MARQUISE.	M. DE NOZAY.
LE COMTE EMMANUEL, leur fils.	UN NOTAIRE.
MARGUERITE, leur fille.	LAFFEUILLE, domestique de la Marquise.
PAUL JONES.	JASMIN, domestique d'Emmanuel.
LOUIS ACHARD.	PLUSIEURS GENTILSHOMMES, DEUX OFFICIERS DE MARINE,
LE BARON DE LECTOURE.	UN PIQUEUR, PLUSIEURS VALETS.

La scène se passe, en 1779, au château d'Auray, en Bretagne.

ACTE PREMIER.

Un salon au rez-de-chaussée ; style de Louis XIII ; une porte au fond ; deux portes latérales ; une cheminée ; une glace dessus ; une croisée à droite de l'acteur.

SCENE PREMIERE.

LE COMTE EMMANUEL, *rentrant au château, en costume de voyage ; son domestique le suit et pose une paire de pistolets sur la table,* JASMIN, LAFFEUILLE, TROIS VALETS.

EMMANUEL, *s'étendant dans un fauteuil.*

Jasmin, un écu de six livres au postillon qui ne m'a versé que deux fois en me ramenant de Van-nes ici. Quels chemins !... Sur mon âme, il faudra que je consulte le tabellion pour avoir de lui s'il n'y aurait pas dans les archives de la famille quelque vieux droit de corvée qu'on pourrait faire revivre... (*A un domestique qui porte une livrée du temps de Louis XV et qui lui fait des saluts.*) C'est bien, Laffeuille, c'est bien, je suis enchanté de te revoir.

NOTA. Les personnages sont placés au théâtre comme en tête de chaque scène, le premier nommé tient la droite de l'acteur.

LAFFEUILLE.

Et moi donc, monseigneur !

EMMANUEL.

Oui, je comprends, cela veut dire...

LAFFEUILLE.

Que toutes les bénédictions du ciel...

EMMANUEL.

Te descendent dans le gosier... c'est trop juste; voilà pour boire (*apercevant trois autres domestiques*) tout seul; puis voilà pour boire avec les autres. Jasmin, prévenez Mme la marquise que je suis arrivé, et lui demandez ses ordres de ma part, soit qu'elle me permette de monter chez le marquis, soit qu'elle veuille descendre. Quant à vous, mes vénérables, comme je ne veux pas priver mes ancêtres de vos services, allez chacun à vos affaires. (*Ils sortent; Laffeuille va pour les suivre.*) Laffeuille, rien de nouveau en mon absence ?— Mon père ?

LAFFEUILLE.

Toujours dans la même position; ni mieux ni pire.

EMMANUEL.

Et sa raison ?

LAFFEUILLE.

Ça va, ça vient, à ce qu'on nous dit du moins, car vous savez qu'il ne veut voir personne que Mme la marquise.

EMMANUEL.

Oui, pas même nous, je le sais; et ma sœur ?

LAFFEUILLE.

Toujours triste. Ah! c'est une bénédiction, comme elle pleure! pauvre jeune dame! elle ne sort du château que pour aller voir le vieil Achard.

EMMANUEL.

Toujours dans sa petite maison du parc ?

LAFFEUILLE.

Ah! mon Dieu! il n'en bouge que pour aller s'asseoir sous le grand chêne, vous savez ? puis il reste là des heures entières. On dirait qu'il prie.

EMMANUEL.

Singulier vieillard! et c'est toujours toi que Mme la marquise charge de veiller à ce qu'il ne lui manque rien ?

LAFFEUILLE.

Oui, monseigneur; mais bonjour, bonsoir, merci, Laffeuille, voilà tout.

EMMANUEL.

C'est bien! (*Laffeuille va pour sortir.*) Laffeuille, tournez les canons de ces pistolets contre le mur, vous savez quelle peur ma mère a de ces armes.

LAFFEUILLE.

Voilà Mme la marquise.

EMMANUEL.

Laissez-nous !

La marquise entre lentement par la porte du fond; Laffeuille sort.

SCENE II.

LA MARQUISE, *vêtue de noir*, EMMANUEL.

EMMANUEL, *allant au-devant de sa mère, met un genou en terre et lui prend la main.*

Madame la marquise permet...

LA MARQUISE.

Levez-vous, mon fils, je suis heureuse de vous revoir.

Emmanuel la conduit à un fauteuil; elle aperçoit les pistolets et tressaille.

EMMANUEL.

Qu'avez-vous, ma mère ?

LA MARQUISE.

Rien. (*Elle s'assied.*) J'ai reçu votre lettre, mon fils, et je vous fais mes complimens; vous me paraissez né pour la diplomatie plus encore que pour les armes, et vous devriez prier le baron de Lectoure de solliciter pour vous une ambassade au lieu d'un régiment.

EMMANUEL.

Et il l'obtiendrait, madame; tant son pouvoir est grand, et surtout tant il est amoureux.

LA MARQUISE.

Amoureux d'une femme qu'il n'a pas vue.

EMMANUEL.

Oh! Lectoure est un gentilhomme de sens, et ce qu'il sait de notre famille lui a inspiré le plus vif désir de s'allier à nous : il en est digne du reste. Il a fait ses preuves de 1399, et Chérin est très-content de ses titres. Un de ses ancêtres était même allié à la famille royale d'Écosse : de là vient le lion qu'il porte dans ses armes; c'est fort convenable enfin. C'est lui, du reste, qui a insisté pour que toutes les cérémonies se fissent en son absence. Vous avez eu la bonté d'ordonner la publication des bans, madame?

LA MARQUISE.

Oui, l'abbé a dû se charger de tous ces détails.

EMMANUEL.

Demain soir alors, si Lectoure arrive, nous pourrons signer le contrat ?

LA MARQUISE, *faisant un signe de tête.*

Et il ne vous a fait aucune question sur ce Lusignan ? Il ne vous a pas demandé à quel propos l'arrêt de sa déportation avait été sollicité par notre famille ?

EMMANUEL.

Non, madame, de pareils services sont si communs qu'on les oublie le lendemain du jour où on les a rendus, puis encore on sait qu'ils cachent ordinairement quelque secret de famille qu'on ne doit pas pénétrer. Il n'y a que moi qui ai conservé mémoire de ce malheureux.

LA MARQUISE.

Comment cela ?

EMMANUEL.

Pour penser de temps en temps que j'aurais dû peut-être, pour me venger de lui, employer d'autres armes que celles...

LA MARQUISE, *se levant.*

Mon fils, ne parlez pas ainsi, si vous ne voulez pas me faire mourir.

EMMANUEL, *passant la main sur son front.*

Vous avez raison, ma mère, ce qui est fait est fait, n'y pensons plus.

LA MARQUISE.

Donc, il ne sait rien?

EMMANUEL.

Rien; mais voulez-vous que je vous dise ma pensée, madame? c'est que, sût-il tout...

LA MARQUISE.

Eh bien?

EMMANUEL.

Je le crois assez philosophe pour que ce qu'il apprendrait n'influât aucunement sur la détermination qu'il a prise.

LA MARQUISE.

Alors il est ruiné?

EMMANUEL.

Comme toute notre jeune noblesse à peu près; mais par Monsieur, de la maison duquel il est, il peut beaucoup.

LA MARQUISE.

C'est bien, nous sommes assez riches pour refaire sa fortune sans qu'il y paraisse à la nôtre; puis (*elle prend la main de son fils*) ce mariage assure le bonheur de mes enfans, ou de l'un d'eux du moins; je ne veux pas les enchaîner éternellement dans un vieux château de la Bretagne, loin de tout plaisir, près d'un père privé de sa raison, qui refuse de les voir, et qui, les vit-il, ne les reconnaîtrait plus peut-être; c'est à moi, qui suis vieille et triste, de veiller sur le vieillard mourant à l'ombre de ces vieux murs, et c'est à vous, mes enfans, dont la vie est jeune et gaie, d'aller chercher le soleil et le bonheur.

EMMANUEL, *lui baisant la main.*

Oui, ma mère, oui, je sais que vous avez juré d'être l'exemple de tous les dévouemens, le modèle de toutes les vertus; je sais que vous regarderez ce nouveau sacrifice comme un devoir à accomplir et voilà tout: il n'y a donc que ma sœur qui puisse détruire par son obstination...

LA MARQUISE.

Votre sœur pensera que sa soumission seule peut me faire oublier sa faute, et soyez tranquille, elle obéira.

EMMANUEL.

Pardon, ma mère, si j'insiste tant pour voir s'accomplir un projet qui m'éloigne de vous; mais vous comprenez que mon obscurité me pèse, que mon nom, que mes ancêtres ont rendu si grand, et vous si respectable, chaque fois qu'il est prononcé, bourdonne à mes oreilles comme un reproche. A mon âge mon aïeul était mestre de camp; mon père, premier écuyer du roi. Il y a dans la seigneurie des blasons qui ne peuvent pas s'effacer; il y a dans le ciel des étoiles qui ne doivent point s'éteindre. Et cependant mon père, malade depuis vingt ans, et depuis vingt ans éloi-

gné de la cour, a été complètement oublié du vieux roi à sa mort et du jeune roi, à son avènement au trône. Vos soins pour le marquis vous ont enchaînée au chevet de son lit, depuis l'heure où il a perdu sa raison; pendant ce temps vos anciens amis disparaissent, morts ou oubliés; de nouvelles tiges poussent à la place des vieux troncs : si bien que lorsque je reparus à Versailles, à peine si notre nom, le nom des marquis d'Auray, était connu de cette jeune cour.

LA MARQUISE.

Et cependant, croyez-moi, mon fils, nul n'a fait plus que je n'ai fait, sinon pour y ajouter un nouveau lustre, du moins pour lui conserver son ancienne pureté.

EMMANUEL.

Madame!...

LA MARQUISE, *vivement.*

Cependant soyez tranquille, ce nom résonnera encore assez haut, je l'espère, pour que les oreilles royales puissent l'entendre sans se baisser. Mais à propos de leurs majestés, j'espère que la bénédiction de Dieu se répand toujours sur elles et sur la France!

EMMANUEL.

Et qui pourrait porter atteinte à leur bonheur? Louis XVI, jeune et bon, Marie-Antoinette, jeune et belle, entourés d'une brave noblesse, aimés d'un peuple loyal! Dieu merci, le sort les a placés hors d'atteinte de toute infortune.

LA MARQUISE, *tristement.*

Personne n'est placé, mon fils, au-dessus des erreurs et des faiblesses humaines : aucun cœur, fût-il caché sous la pourpre, n'est à l'abri des passions : aucune tête, fût-elle couronnée, ne peut répondre que ses cheveux ne blanchiront pas en une nuit. Ils sont entourés de leur noblesse, dites-vous? (*allant ouvrir une croisée*) voyez ces arbres, au printemps aussi ils étaient entourés de leurs feuilles, et les premiers vents de l'hiver se sont fait sentir à peine que les voilà nus et dépouillés. Ils sont aimés d'un peuple fidèle : voyez cette mer, elle est calme, elle est paisible; demain, cette nuit, dans une heure peut-être, le souffle de l'ouragan nous apportera les cris de mort des malheureux qu'elle engloutira. Quoique éloignée du monde, d'étranges bruits arrivent parfois à mon oreille; ne s'élève-t-il pas une secte philosophique, qui a entraîné dans ses erreurs quelques hommes de nom? ne parle-t-on point d'un monde tout entier, qui, comme une île flottante, s'est détaché de la mère-patrie? d'enfans rebelles qui refusent de reconnaître leur père? d'un peuple qui s'intitule nation? n'ai-je pas entendu dire que des gens de race avaient traversé l'océan, pour offrir à des révoltés des épées que leurs ancêtres avaient l'habitude de ne tirer du fourreau qu'à la voix de leurs souverains légitimes? Et ne m'a-t-on pas dit encore, ou bien n'est-ce qu'un rêve de ma solitude? que le roi Louis XVI et la reine Marie-Antoinette, oubliant eux-mêmes que les souverains sont une famille de frères, avaient autorisé ces migrations armées, et donné des lettres de marque à je ne sais quel pirate?

EMMANUEL.
Tout cela est vrai, madame.

LA MARQUISE, *solennellement.*
Dieu veille donc sur leurs majestés le roi et la reine de France!

Elle sort lentement et sans se retourner.

SCENE III.

EMMANUEL, *puis* JASMIN.

EMMANUEL, *seul, regardant s'éloigner sa mère.*
C'est ce vieux château qui lui donne ces idées tristes et lugubres, et je ne sais moi-même pourquoi : mais on dirait qu'il a été commis ici quelque crime qui pèse sur la conscience de ceux qui l'habitent. Je ne crois plus à l'avenir dès que j'y rentre. Quand donc le quitterai-je, bon Dieu !

JASMIN, *présentant une carte à son maître.*
Pour monsieur le comte.

EMMANUEL.
Une carte. M. Paul... Qu'est-ce que M. Paul?

SCENE IV.

LES MÊMES, PAUL JONES.

PAUL.
C'est moi, monsieur.

EMMANUEL, *avec hauteur.*
Il paraît, monsieur, que vous désirez vivement me parler?

PAUL, *s'inclinant.*
J'avoue, monsieur le comte, que j'attache un grand prix à l'entretien que vous allez, j'espère, me faire l'honneur de m'accorder.

EMMANUEL.
Vous avez une manière de demander les choses, monsieur, qui éloigne jusqu'à la chance d'un refus. Veuillez vous asseoir, si cette conférence doit durer long-temps.

PAUL, *s'asseyant tranquillement.*
Volontiers, car j'ai beaucoup de choses à vous dire.

EMMANUEL.
Parlez, monsieur.

PAUL.
Faites sortir votre valet.

EMMANUEL, *à Jasmin.*
Laisse-nous. (*Jasmin sort; à Paul.*) Maintenant j'espère que vous me direz d'abord, et avant d'entamer cet entretien, à qui j'ai l'honneur de parler?

PAUL.
C'est trop juste, monsieur; je suis le capitaine dont le vaisseau a transporté à Cayenne le jeune Lusignan.

EMMANUEL, *se courbant pour le regarder.*
Impossible!

PAUL, *toujours assis et avec nonchalance.*
Il est vrai que l'avant dernière fois que nous nous vîmes, lorsqu'à Brest vous me fîtes l'honneur de me rendre visite à mon bord, je portais de longs cheveux noirs, coupés carrément, un large chapeau de paille et le palletot de marin, tout cela change un homme, surtout lorsqu'il ajoute à ce costume un accent bas-breton fortement prononcé.

EMMANUEL, *le regardant fixement.*
Effectivement, monsieur, je crois me rappeler que sous ce large chapeau dont vous me parlez, je vis briller des yeux pareils aux vôtres, je ne les ai point oubliés; puis ce capitaine se faisait appeler du nom sous lequel vous vous présentez chez moi, monsieur Paul... (*Paul s'incline*) mais c'est l'avant-dernière fois que j'eus l'honneur de vous voir, m'avez-vous dit? aidez mon souvenir, monsieur, je vous prie, car je ne me rappelle pas quelle fut la dernière.

PAUL.
La dernière, monsieur le comte, ce fut il y a huit jours, à Paris, dans un assaut d'armes chez le fils du ministre de la marine; cette fois, j'étais en officier anglais et m'appelais Jones; je portais des cheveux blonds, un habit rouge, un pantalon collant; j'eus l'honneur de faire des armes avec vous, monsieur le comte, et de vous boutonner trois fois, sans que vous me touchiez une seule.

EMMANUEL.
C'est étrange ; oui, voilà bien le même regard, et cependant ce n'est point le même personnage.

PAUL.
C'est que Dieu a voulu que le regard de l'homme fût la seule chose qu'il ne pût déguiser, c'est pour cela qu'il y a mis une étincelle de sa flamme. Le capitaine Paul est le même que l'anglais Jones, et l'anglais Jones est le gentilhomme que vous avez devant les yeux.

EMMANUEL.
Et aujourd'hui, monsieur, que vous plaît-il d'être?

PAUL.
Moi-même : car aujourd'hui je n'ai aucun motif pour me cacher. Cependant, si vous avez quelque préférence pour une nation, je serai ce que vous voudrez... Français, Américain, Anglais ou Espagnol. Dans laquelle de ces langues vous plaît-il que je continue cette conversation ?

EMMANUEL.
Quoique quelques-unes d'entre elles me soient comme à vous familières, je choisirai le français, monsieur, c'est la langue des explications courtes et concises.

PAUL, *avec mélancolie.*
Soit, monsieur le comte; cette langue est aussi celle que je préfère ; car je suis né sur la terre de France. Le soleil de France est le premier qui ait réjoui mes yeux, et quoique bien souvent j'aie vu des terres plus fertiles et un soleil plus bril-

lant, il n'y a jamais eu pour moi qu'une terre et qu'un soleil.

EMMANUEL, *avec ironie.*

Votre amour national vous fait oublier, monsieur, le sujet auquel je dois l'honneur de votre visite.

PAUL.

Vous avez raison... Il y a donc deux ans qu'en vous promenant dans le port de Brest, vous vîtes parmi ses nombreux vaisseaux un brick, à la carène étroite, aux matéraux élancés, et vous vous dites : Il faut que le capitaine de ce bâtiment ait de puissans motifs pour faire le commerce avec un navire qui porte tant de toile et si peu de bois. — De là, naquit dans votre esprit l'idée que j'étais un corsaire, un pirate, un flibustier... que sais-je?...

EMMANUEL.

Me suis-je trompé?

PAUL.

Je crois vous avoir déjà exprimé mon admiration, monsieur le comte, pour la perspicacité avec laquelle vous jugiez au premier coup d'œil les hommes et les choses.

EMMANUEL.

Trêve de complimens, monsieur ; venons au fait !...

PAUL.

Dans cette persuasion, vous descendîtes donc à mon bord, et vous trouvâtes dans l'entre-pont le capitaine Paul... Vous étiez porteur d'une lettre du ministre de la marine qui ordonnait à tout officier au long cours, requis par vous, de conduire à Cayenne le nommé Lusignan, coupable d'un crime d'état.

EMMANUEL.

C'est vrai.

PAUL.

J'obéis, monsieur, car je naviguais alors sous le pavillon de France, et j'ignorais... (*Ici Emmanuel se lève et s'approche de Paul*) que le nommé Lusignan n'avait commis d'autre crime que d'avoir été l'amant heureux de Mlle Marguerite d'Auray, votre sœur.

EMMANUEL, *lui posant la main sur l'épaule.*

Monsieur !...

PAUL, *se levant et prenant négligemment un des pistolets.*

Vous avez là de belles armes, monsieur le comte !

EMMANUEL.

Et qui sont toutes chargées, monsieur.

PAUL.

Portent-elles juste ?

EMMANUEL.

Si vous voulez accepter une promenade avec moi, c'est un essai que nous pourrons faire ensemble.

PAUL.

Merci, monsieur le comte. Je connais ces pistolets ; ils sortent de la boutique d'un maître allemand très-estimé. J'en ai gagné une paire à peu près pareille à Saint-Georges ; vous savez, le colonel du régiment américain ? Il avait parié couper douze balles de suite sur la lame d'un couteau ; il n'en a pardieu pas manqué une.

EMMANUEL.

Et comment avez-vous gagné, alors ?

PAUL.

Je les ai coupées plus au milieu.

EMMANUEL.

Cela ne change rien à la proposition que j'ai eu l'honneur de vous faire, monsieur. Vous êtes un habile tireur, voilà tout.

PAUL, *avec distraction.*

Que voulez-vous ? pendant nos longs jours de calme, lorsqu'aucun souffle de vent ne ride ce miroir de Dieu qu'on appelle la mer, nous autres marins, isolés et solitaires, nous sommes obligés d'accepter les distractions qui viennent au-devant de nous : alors nous exerçons notre adresse sur les hirondelles fatiguées qui se posent au bout de nos vergues, ou sur les goëlands aux longues ailes, dont le cri plaintif nous annonce en passant le retour de la brise, et voilà comment nous arrivons à une certaine force sur des exercices qui paraissent d'abord si étrangers à notre profession.

EMMANUEL, *après un instant de silence.*

Continuez, monsieur.

PAUL.

C'était un bon et brave jeune homme que ce Lusignan ! Il me raconta son histoire, comment cet amour ardent, profond, irrésistible leur était venu dans le cœur, comme à Paolo et à Francesca, comme à Roméo et à Juliette, et comment votre sœur lui répéta ces paroles de la jeune fille de Vérone : Je serai à toi ou à la tombe.

EMMANUEL, *les dents serrées.*

Et elle ne lui a que trop bien tenu parole.

PAUL.

Il me dit leurs amours long-temps chastes comme ceux des anges ; ces projets que tout jeune homme nourrit, de se faire un nom comme celui (*riant*) d'Alexandre ou de Dante, pour venir le déposer aux pieds de celle qu'il aime ; ses longues et respectueuses instances près de votre mère, ses refus hautains et vos railleries amères, qu'il supporta comme si le cœur d'un homme avait cessé de battre dans sa poitrine ; il me dit ses douleurs, ses larmes, son désespoir, lorsque votre sœur lui ordonna en pleurant de quitter la Bretagne ; il me dit cette nuit d'adieux, d'agonie, de sanglots.

EMMANUEL.

Et de honte !

PAUL.

Oui, n'est-ce pas ? Vous appelez cela de la honte, vous autres gens vertueux, quand une pauvre enfant, que tout entraîne et que rien ne soutient, cède à l'âge, à la séduction, à l'amour ! Oui, ils se séparèrent ; mais elle avait succombé, votre mère, qui eût sauvé l'honneur de sa fille, peut-être, si des devoirs sacrés ne l'eussent éloignée d'elle, car je sais les vertus de votre mère, comme je sais les malheurs de votre sœur : c'est une femme hautaine et sévère, plus sévère peut-être que ne devrait l'être une créature humaine, qui n'a sur les autres que l'avantage de n'avoir jamais failli; votre mère, dis-je entendit une nuit des cris étouffés, elle entra dans la chambre de votre sœur, s'avança pâle et muette vers son lit, arracha froidement de ses bras un enfant qui venait de naître, et sortit pâle et muette, ainsi qu'elle était entrée, impassible comme une statue et comme une statue, sans desserrer ses lèvres de pierre ; quant à la pauvre Marguerite, elle ne poussa pas une plainte, elle ne jeta pas un cri; elle s'était évanouie en apercevant la marquise. Est-ce cela, monsieur le comte ? suis-je bien informé ? ou bien ai-je oublié quelques détails de cette terrible histoire ?

EMMANUEL.
Aucun.

PAUL.
C'est qu'ils sont consignés dans ces lettres de votre sœur, qu'au moment de se séparer de moi pour prendre place parmi des brigands et des assassins, Lusignan m'a remises, afin que je les fisse passer à celle qui les a écrites.

EMMANUEL.
Donnez-les-moi donc, monsieur, et je vous jure qu'elles seront fidèlement rendues à celle qui a eu l'imprudence !...

PAUL.
De se plaindre à la seule personne qui l'aimât au monde, n'est-ce pas ? Imprudente fille, à qui une mère arrache l'enfant de son cœur, et qui verse ses larmes amères dans le cœur du père de son enfant ! Imprudente sœur, qui, n'ayant pas trouvé dans son frère, appui contre l'abandon de son père et la tyrannie de sa mère, a compromis sa noble famille en signant d'un nom de race des lettres qui peuvent... comment appelez-vous cela, vous autres nobles ?... tacher son écusson, n'est-ce pas ?

EMMANUEL, avec impatience.
Mais, puisque vous connaissez si bien l'importance de ces papiers, accomplissez donc la mission dont vous êtes chargé en les remettant soit à ma sœur, soit à ma mère, soit à moi.

Il lui tend la main.

PAUL.
J'étais débarqué à Brest avec cette intention, monsieur; mais voilà qu'il y a quinze jours à peu près, en entrant dans une église...

EMMANUEL, avec ironie.
Dans une église?

PAUL.
Oui, monsieur.

EMMANUEL.
Et pourquoi faire ?

PAUL.
Pour prier.

EMMANUEL.
Monsieur le capitaine Paul croit en Dieu ?

PAUL.
Si je n'y croyais pas, monsieur, qui donc invoquerais-je pendant la tempête?

EMMANUEL, avec impatience.
Si bien que dans cette église ?...

PAUL.
J'ai entendu un prêtre annoncer le prochain mariage de M. le baron de Lectoure avec noble demoiselle Marguerite d'Auray.

EMMANUEL.
Et qu'a trouvé d'étonnant à cela monsieur le capitaine Paul ?

PAUL.
Rien, comte. Mais un sentiment de compassion bizarre m'a pris au cœur : j'ai pensé que puisque tout le monde, et même sa mère, oubliait le pauvre orphelin (car je présume que c'est de son plein gré, et sans y être forcée, que votre sœur épouse le baron de Lectoure), il fallait que je m'en souvinsse, moi; que c'était un baptême de larmes assez grand que d'entrer dans le monde sans nom et sans famille, pour n'y pas vivre du moins sans fortune. Dans la position où vous êtes et avec les projets d'ambition qui se rattachent pour vous à l'alliance de M. de Lectoure, ces lettres valent bien cent mille livres, n'est-ce pas, monsieur le comte ? et cette somme ne fera qu'une bien légère brèche au demi-million de rente qui compose votre fortune.

EMMANUEL.
Mais qui m'assure, monsieur, que ces cent mille livres ?...

PAUL.
Vous avez raison, monsieur; aussi n'est-ce que contre une obligation au nom du jeune Hector de Lusignan que j'échangerai ces lettres.

EMMANUEL.
Puisque ce n'était purement et simplement qu'une affaire d'argent que nous avions à traiter ensemble, il fallait vous épargner, monsieur, la peine de me raconter cette longue histoire, et commencer par où nous avons fini, ou mieux encore, m'envoyer un homme d'affaires. La famille d'Auray a toujours réservé chaque année, pour ses aumônes, le double de la somme que vous réclamez.

Il s'approche de la table et écrit.

JASMIN, entrant.
Monsieur le comte.

EMMANUEL.
Je n'y suis pas, je n'y suis pour personne, laissez-moi.

JASMIN.
La sœur de monsieur le comte.

EMMANUEL.
Qu'elle revienne plus tard.

JASMIN.
Elle désire parler à M. le comte, à l'instant même.

PAUL.
Qu'à cela ne tienne, monsieur, je reviendrai un autre jour.

EMMANUEL.
Non pas, s'il vous plaît, capitaine Paul, termi-

nons cette affaire pendant que nous y sommes. Je vais recevoir ma sœur; mais, comme il est parfaitement inutile qu'elle vous voie, entrez dans ce cabinet, vous y trouverez une bibliothèque.

PAUL.

Faites, monsieur.

Il entre dans le cabinet à gauche de l'acteur.

EMMANUEL, *à Jasmin.*

Ouvrez à ma sœur.

SCENE V.

EMMANUEL, MARGUERITE, PAUL, *dans le cabinet.*

EMMANUEL.

Venez, Marguerite, et dites vite ce que vous avez à me dire; je suis en affaires.

MARGUERITE.

Il y a un temps, Emmanuel, où, en nous revoyant après deux mois d'absence, nous nous serions jetés dans les bras l'un de l'autre.

EMMANUEL.

Oui; mais depuis cette époque tant de choses ont passé entre nous!

MARGUERITE.

Qui peut donc passer entre deux enfans de la même mère? qui peut séparer le sang du sang, le frère de la sœur?

EMMANUEL.

Une faute.

MARGUERITE.

Vous êtes cruel, mon frère : vous savez que je ne puis implorer mon père, vous savez que devant ma mère je tremble à n'oser dire une parole, vous savez que mon seul espoir est en vous; vous me voyez entrer, non pas comme une sœur devrait entrer chez son frère, non pas la joie dans le regard, le sourire sur les lèvres, mais les larmes aux yeux, la prière à la bouche, comme un suppliant entrerait chez son juge, et d'un mot que vous laissez tomber sur ma tête, voilà que vous me ployez à vos pieds.

EMMANUEL.

Que voulez-vous?

MARGUERITE.

Je veux savoir si ce que l'on dit est vrai.

EMMANUEL.

Que dit-on?

MARGUERITE.

Que demain soir...

EMMANUEL.

Après?

MARGUERITE.

M. le baron de Lectoure...

EMMANUEL.

Sera ici, c'est vrai.

MARGUERITE.

Oh! mon Dieu!

EMMANUEL.

J'espérais qu'en prenant la précaution d'annoncer deux mois d'avance son arrivée vous auriez eu le temps de vous y préparer.

MARGUERITE.

Si menacé qu'on soit, l'on espère toujours, et l'on a vu des condamnés obtenir leur grâce au pied même de l'échafaud. (*Suppliante.*) Emmanuel!

EMMANUEL.

Eh bien?

MARGUERITE.

Ne comprends-tu pas? oh! si Dieu avait voulu que je pusse t'épargner un chagrin, comme tu peux m'épargner un malheur; si tu m'avais priée comme je te prie, si je n'avais eu qu'un mot à dire, non pas pour te rendre heureux, je n'aspire plus au bonheur, mais pour te sauver du désespoir... oh! avec quelle reconnaissance j'aurais béni le ciel en prononçant ce mot!

EMMANUEL.

Cela ne dépend pas de moi... c'est une chose que mon père désire, un projet arrêté par ma mère, une alliance nécessaire à l'honneur de notre famille.

MARGUERITE.

Une chose que mon père désire!... plût à Dieu qu'il put désirer quelque chose, pauvre père!... et que je pusse mourir pour cette chose... un projet arrêté par ma mère... oh! celui qui lui a suggéré ce projet obtiendrait, je crois, bien facilement qu'elle y renonçât... une alliance nécessaire à l'honneur de notre famille... grâce au ciel, notre famille est assez puissante de nom et de richesse pour qu'elle ne reçoive aucun nouveau lustre de l'alliance même d'un prince! Ce n'est pas tout cela, Emmanuel... non, ce n'est pas tout cela... Vous avez fait marché de moi, n'est-ce pas? vous m'avez vendue au compte de votre ambition, dites? vous m'avez troquée contre une croix et un brevet, et vous vous êtes dit : C'est une enfant qui obéira; d'ailleurs, si elle résistait, je me ferais une arme de son isolement et de son malheur pour tuer sa volonté... vous vous êtes trompé, Emmanuel, c'est dans mon malheur même que je trouverai ma force; c'est dans mon isolement que je puiserai ma résistance.

EMMANUEL.

Ainsi, vous êtes décidée à désobéir à votre mère?

MARGUERITE.

La nuit où je vis pour la dernière fois celui que je ne reverrai plus, un prêtre nous attendait pour nous unir; Lusignan était à mes pieds, fou, délirant, désespéré, disant que je ne l'aimais pas; je refusais de le suivre, car je ne voulais pas désobéir à ma mère; mais aussi, pendant cette même nuit, je lui jurai que si je n'étais pas à lui, je ne serais à nul autre, le serment que j'avais fait au père, je l'ai répété depuis sur la tête de mon fils, et maintenant, c'est non seulement un serment d'amante, mais encore un serment de mère.

EMMANUEL.

Alors, c'est une guerre déclarée?

MARGUERITE.

Que Dieu, je l'espère, me donnera la force de soutenir. Adieu, Emmanuel, sois heureux.

EMMANUEL, *la regardant s'éloigner.*

Adieu, pauvre roseau qui te crois un chêne; oh! quand la main de ma mère va s'appesantir sur toi, comme tu courberas la tête, comme tu plieras les genoux! (*Apercevant Paul à la porte de la bibliothèque.*) Ah! vous voilà monsieur! préparez vos lettres, et je vais vous signer l'obligation que vous demandez.

Il va vers la table.

PAUL.

C'est inutile, monsieur le comte.

EMMANUEL, *vivement.*

Comment cela?

PAUL.

Je donnerai les cent mille livres à votre neveu, et je me chargerai de trouver un mari à votre sœur.

EMMANUEL, *bondissant.*

Mais qui êtes-vous donc, monsieur, qui disposez ainsi de ma famille?

PAUL, *s'éloignant.*

Qui je suis? je vous le dirai demain, car je dois l'apprendre ce soir.

EMMANUEL, *l'arrêtant.*

Et vous me donnez votre parole d'honneur que je vous reverrai demain?

PAUL, *se dégageant.*

Je vous la donne.

Il sort.

EMMANUEL, *seul.*

Ce que je vois de plus clair dans tout cela, c'est que voilà un homme avec lequel je me brûlerai certainement la cervelle!...

FIN DU PREMIER ACTE.

ACTE DEUXIÈME.

Une chambre au rez-de-chaussée, chez Louis Achard, à deux cents pas du château d'Auray; une porte au fond qui, lorsqu'elle est ouverte, laisse apercevoir les arbres d'un parc; à droite du spectateur, une fenêtre; à gauche, une porte donnant dans une deuxième chambre.

SCENE PREMIERE.

LA MARQUISE, ACHARD.

Au lever du rideau, la marquise seule est assise près d'une table à gauche de l'acteur; une bible ouverte est sur cette table; la marquise réfléchit profondément, son grand voile noir l'enveloppe presque entièrement et retombe jusqu'à terre; Achard entre, et, apercevant la marquise, il va à elle.

ACHARD.

Madame la marquise...

LA MARQUISE, *relevant la tête.*

C'est vous, Achard, je vous attends depuis une demi-heure; où donc étiez-vous?

ACHARD.

Si madame la marquise avait voulu faire cinquante pas de plus, elle m'aurait trouvé sous le grand chêne près de la porte du parc.

LA MARQUISE.

Vous savez que je ne vais jamais de ce côté.

ACHARD.

Et peut-être avez-vous tort, madame : il y a quelqu'un au ciel qui a droit à nos prières communes, et qui s'étonne peut-être de n'entendre que celles du vieil Achard.

LA MARQUISE.

Qui vous dit que je ne prie pas de mon côté, et qui vous fait croire que les morts exigent que l'on soit sans cesse agenouillé sur leur tombe?

ACHARD.

Rien! je crois seulement que si quelque chose de nous vit encore sous la terre, ce quelque chose tressaille de plaisir au bruit des pas de ceux que nous avons aimés pendant notre vie.

LA MARQUISE.

Mais si cet amour fut un amour coupable?

ACHARD.

Croyez-vous que la mort et le sang ne l'aient pas expié? Dieu fut alors un juge trop sévère pour n'être pas aujourd'hui un père indulgent.

LA MARQUISE.

Oui, Dieu pardonne peut-être, parce que la toute-puissance est la toute-bonté, mais croyez-vous que si le monde savait ce que Dieu sait, il pardonnerait comme Dieu.

ACHARD.

Le monde, oui, voilà le grand mot sorti de votre bouche : le monde! c'est à cette idole que votre orgueil a tout sacrifié, madame; sentiment d'amante, sentiment d'épouse, sentiment de mère; le monde! c'est lui qui vous a fait revêtir ce vêtement de deuil, derrière lequel vous avez espéré lui cacher vos remords; et vous avez eu raison, car il a pris vos remords pour des vertus.

LA MARQUISE, *se levant.*

Vous parlez au nom des autres avec une amertume qui ferait croire que vous avez personnellement des reproches à me faire. Achard, aurais-je manqué à quelques-uns des devoirs que je crois avoir à remplir envers vous? les gens qui vous servent par mes ordres n'ont-ils pas eu pour vous le respect et l'obéissance que je leur recommande?

Vous savez qu'alors vous n'auriez qu'à dire un mot...

ACHARD.

Pardonnez-moi, madame, c'est de la tristesse, et non de l'amertume; c'est l'effet de l'isolement et de la vieillesse. Vous devez savoir ce que c'est que des pensées qui s'aigrissent sur votre conscience, ce que c'est que des larmes qui vous retombent sur le cœur; non, depuis que par un sentiment dont je vous suis reconnaissant, sans chercher à l'approfondir, vous vous êtes chargée de veiller vous-même à ce que rien ne me manquât, vous n'avez pas un seul jour oublié votre promesse, et j'ai même, comme le vieux prophète, parfois vu venir un ange pour messager.

LA MARQUISE.

Oui, je sais que Marguerite accompagne souvent le domestique chargé de votre service, et j'ai vu avec plaisir les soins qu'elle vous rendait.

ACHARD.

Mais, à mon tour, je n'ai pas manqué à mes devoirs non plus, je l'espère; depuis vingt ans j'ai vécu loin des hommes, et j'ai écarté tout être vivant de cette chaumière ; tant je craignais pour vous, le délire de mes veilles ou l'indiscrétion de mes nuits.

LA MARQUISE.

Oui, le secret a été bien gardé; mais ce n'est qu'un motif de plus pour moi de craindre de perdre en un jour le fruit de vingt années : croyez-moi, plus sombres, plus isolées et plus terribles encore que les vôtres, nul n'a rien su de cette terrible histoire, mais à quel prix ! comprenez-vous ce que c'est que de veiller depuis vingt ans sur un insensé, qui, chaque fois qu'il reprend une lueur de raison, me reproche ma faute, et chaque fois qu'il retombe dans sa folie, répète dix fois le jour ces paroles, avec lesquelles sans doute l'ange du jugement dernier me réveillera dans ma tombe?

ACHARD.

Et moi aussi, madame, je les ai entendues ces paroles; car j'étais là lorsqu'il expira en les prononçant.

LA MARQUISE.

Voilà pour l'épouse; mes enfans éloignés de moi pour les éloigner de leur père, mes enfans qui ne me connaissent que par la terreur que je leur inspire, mes enfans qui, lorsque je leur ouvre les bras, tombent à mes genoux et m'appellent madame... voilà pour la mère.

ACHARD.

Vous ne me parlez là que de ceux qui savent que vous êtes leur mère.

LA MARQUISE, *tressaillant.*

Achard !

ACHARD.

N'est-ce pas vous avez tressailli ainsi plus d'une fois, en pensant qu'il y avait dans le monde un homme qui viendrait un jour me demander ce secret auquel vous avez tout sacrifié, et qu'à cet homme je n'avais le droit de rien taire? mais rassurez-vous, madame, depuis l'âge de quinze ans, vous le savez, cet homme, cet enfant's'est échappé de la pension où on l'élevait en Écosse, et depuis cette époque, nul n'en a entendu parler; il aura oublié la lettre de son père, il aura perdu le signe à l'aide duquel il devait se faire reconnaître ; ou mieux encore, peut-être n'existe-t-il même plus.

LA MARQUISE.

Vous êtes cruel, Achard, de dire une pareille chose à une mère, et vous ne connaissez pas encore tout ce que le cœur d'une femme porte en lui de secrets bizarres et de contradictions étranges : ne puis-je donc être tranquille si mon enfant n'est mort, et un secret qu'il a ignoré vingt-cinq ans devient-il à vingt-cinq si important à son existence, qu'il ne puisse vivre si ce secret ne lui est révélé ? Achard, mon vieil ami, ne pourrait-on lui dire que sa mère est allée rejoindre son père au ciel, mais qu'en mourant elle l'a légué à son amie, la marquise d'Auray, dans laquelle il retrouverait une seconde mère ?

ACHARD.

Oui, vous pourriez lui dire cela, vous, et je vous connais, vous le lui diriez d'une voix ferme, vous pourriez le voir avec des yeux secs et un cœur tranquille, je le sais, vous pourriez, je n'en doute pas, lui parler sans que vos premiers mots soient : Mon enfant ! et cependant c'est le fils d'un homme que vous avez assez aimé, pour que cet amour vous fît oublier les devoirs les plus sacrés, et cependant il y a vingt ans que vous n'avez vu ce fils. Oh ! vous avez du pouvoir sur vos sentimens, vous ; mais moi, moi, si je le revoyais, je ne pourrais que me jeter dans ses bras en disant : Henri ! mon bon Henri !

LA MARQUISE.

Mais vous, vous n'avez rien à cacher, quarante ans d'une réputation sans tache ne sont point ternis par ce mot : Mon enfant ! Vous ne vous appelez pas d'Auray, vous n'avez pas un nom, reçu de nobles aïeux, à garder et à transmettre à de nobles descendans. Écoutez, Achard, je suis venue pour vous parler de cela, je suis venue pour vous dire : Prenez pitié de moi.

ACHARD.

Aussi fidèle que j'ai été aux promesses faites à Mme la marquise d'Auray, aussi fidèle je serai à celles faites au comte de Morlaix, le jour où son fils et le vôtre viendra me présenter le gage de reconnaissance et réclamer son secret, je le lui dirai, madame; quant aux papiers qui la constatent, vous savez qu'ils ne doivent lui être remis qu'après la mort de votre mari; le secret est là, (*il montre son cœur*) nul pouvoir humain ne peut l'empêcher ni le forcer d'en sortir. Ces papiers sont dans une armoire près de mon lit, et la clef ne me quitte jamais, il n'y a donc qu'un vol ou un assassinat qui puisse me les enlever.

LA MARQUISE.

Mais vous pouvez mourir avant le marquis, que deviendront alors ces papiers?

ACHARD.

Le prêtre qui m'assistera à mes derniers momens les recevra sous le sceau de la confession.

LA MARQUISE.

Ainsi la chaîne de mes angoisses se prolongera jusqu'à ma mort, et le dernier anneau en sera scellé dans mon cercueil; il y a dans le monde un homme, un seul peut-être, que ni larmes, ni prières, ni argent ne peuvent fléchir, et il faut que Dieu place ce rocher sur ma route, et que l'orage me pousse sur lui jusqu'à ce que je m'y brise; tu tiens mon secret entre tes mains, tu peux en faire ce que tu voudras, tu es le maître et moi l'esclave. Adieu.

ACHARD.

Madame la marquise veut-elle que je l'accompagne jusqu'au château?

LA MARQUISE.

Merci.

Elle sort.

SCÈNE II.

ACHARD, *seul*.

Oui, je sais que vous avez un cœur insensible à toute autre crainte qu'à celle que Dieu vous a mise au cœur pour remplacer le remords; mais celle-là tient largement lieu de toutes les autres, et c'est acheter cher une réputation de vertu ! Il est vrai que celle de la marquise d'Auray est si bien établie, que si la vérité sortait de la terre ou descendait du ciel, je crois qu'elle serait traitée de calomnie; enfin, Dieu peut ce qu'il veut, et ce qu'il fait est écrit long-temps d'avance dans sa sagesse éternelle.

SCÈNE III.

ACHARD, PAUL, *entrant*.

PAUL.

Bien dit, vieillard : il y a plus de grandeur dans la résignation qui plie que dans la philosophie qui doute : c'est une maxime que pour mon bonheur éternel j'aurais voulu avoir moins souvent à la bouche et plus souvent au cœur.

ACHARD.

Pardon, monsieur; mais qui êtes-vous?

PAUL.

Pour le moment, je suis un enfant de la république de Platon, ayant le genre humain pour frère, le monde pour patrie, et pour toute place au soleil le nid que je m'y suis bâti moi-même.

ACHARD.

Mais que cherchez-vous?

PAUL.

Je cherche à vingt lieues de Brest et à deux cents pas du château d'Auray, une chaumière qui ressemble diablement à celle-ci, et un vieillard qui pourrait bien être vous.

ACHARD.

Et comment se nomme ce vieillard?

PAUL.

Louis Achard.

ACHARD.

Vous ne vous trompez pas; c'est moi-même.

PAUL, *ôtant son chapeau*.

Que la bénédiction du ciel descende sur vos cheveux blancs, car voilà une lettre que je crois de mon père et qui dit que vous êtes un honnête homme.

ACHARD, *ému*.

Et cette lettre, ne renferme-t-elle rien?

PAUL.

Si fait, quelque chose comme une moitié de pièce d'or, dont vous devez avoir l'autre.

ACHARD, *tendant la main et prenant machinalement la pièce et la lettre.*

Oui, oui, c'est bien cela, et plus que cela encore, c'est la ressemblance extraordinaire. Enfant, oh! oh! mon Dieu! mon Dieu.

PAUL.

Qu'avez-vous?

ACHARD.

Ne comprenez-vous pas que vous êtes le portrait, oh! mais le portrait vivant de votre père, et que votre père, je l'aimais à lui donner mon sang, ma vie! comme je le ferais pour toi, jeune homme, si tu me les demandais.

PAUL.

Embrasse-moi donc, mon vieil ami, car la chaîne des sentimens n'a pas dû se rompre entre la tombe et le berceau, et quel qu'ait été mon père, s'il ne faut, pour lui ressembler, qu'une conscience sans reproche, un courage à toute épreuve et un front qui ne pliera jamais, tu l'as dit, je suis son portrait vivant, et plus encore par l'ame que par le visage.

ACHARD, *le regardant*.

Oui, il avait tout cela, votre père, la même fierté dans le visage et le même feu dans le regard; mais pourquoi ne t'ai-je pas revu plus tôt, jeune homme, il y a eu dans ma vie bien des heures sombres que tu eusses éclaircies?

PAUL.

Pourquoi? parce que cette lettre me disait de te venir trouver quand j'aurais vingt-cinq ans, et que je les ai eus, il n'y a pas long-temps : tiens, il y a une heure.

ACHARD.

Déjà! il y a déjà vingt-cinq ans, il me semble que ce fut hier, que vous naquîtes dans cette chaumière et que vous ouvrîtes les yeux dans cette chambre.

PAUL.

Et je les ai habités jusqu'à l'âge de quatre ans, n'est-ce pas?

ACHARD.

Oui.

PAUL.

Eh bien, laisse-moi me souvenir alors, car je me rappelle une chambre que je croyais avoir vue dans mes rêves, si c'est celle-là, écoute, il doit y avoir un lit avec des tentures vertes au fond...

ACHARD.

Oui.

PAUL.

Un crucifix d'ivoire au chevet...

ACHARD.

Oui.

PAUL.

Une armoire en face, où il y avait des livres, une grande Bible entre autres, avec des gravures.

ACHARD.

La voilà!

PAUL.

C'est elle, c'est elle! puis une fenêtre d'où l'on distinguait la mer, une île...

ACHARD.

Celle de Noirmoutiers.

PAUL, *se jetant dans l'appartement.*

Ah! (Achard veut le suivre) seul, seul, laisse-moi seul un instant, j'ai besoin d'être seul.

ACHARD, *seul un instant.*

Allons, c'est un brave cœur, merci, mon Dieu, merci!

PAUL, *rentrant.*

C'était la même: après tout, pourquoi cacherais-je ce que j'éprouve; regarde-moi, vieillard, eh bien, oui, j'ai vu la tempête faire tourbillonner mon vaisseau, et j'ai senti qu'il ne pesait pas plus au souffle de l'ouragan, qu'une feuille desséchée à la brise du soir; j'ai vu tomber les hommes autour de moi, comme les épis sous la faucille du moissonneur; j'ai entendu les cris de détresse et de mort de ceux dont la veille j'avais partagé le repas, et, pour aller recevoir leur dernier soupir, j'ai marché à travers une grêle de boulets et de balles sur un plancher où je glissais à chaque pas dans le sang; mais cette chambre, vieillard, cette chambre dont j'avais si saintement gardé le souvenir, où j'ai reçu les caresses d'un père que je ne reverrai jamais, d'une mère qui ne voudra peut-être plus me revoir, cette chambre, c'est quelque chose d'unique et de sacré comme un berceau, comme un tombe, oh! il faut que je pleure, ou j'étoufferais.

ACHARD.

Oui, tu as raison; c'est à la fois un berceau et une tombe, car c'est là que tu es né, et c'est là que tu as reçu les derniers adieux de ton père.

PAUL.

Il est donc mort, et mes pressentimens ne m'avaient pas trompé.

ACHARD.

Il est mort.

PAUL.

Tu me diras comment?

ACHARD.

Je vous dirai tout.

PAUL.

Dans un instant! maintenant, je n'ai point la force de t'écouter, laisse-moi me remettre. (Il *ouvre la fenêtre.*) La belle chose qu'un soir d'automne et qu'un soleil qui se couche dans la mer; cela est calme, comme Dieu, cela est grand comme l'éternité; je ne crois pas qu'un homme qui a souvent étudié ce spectacle craigne la mort! mon père est mort avec courage, n'est-ce pas?

ACHARD.

Certes.

PAUL.

Je me le rappelle, mon père, quoique je n'eusse que quatre ans, lorsque je le vis pour la dernière fois.

ACHARD.

C'était un beau jeune homme comme vous, et justement de votre âge...

PAUL.

Comment se nommait-il?

ACHARD.

Le comte de Morlaix.

PAUL.

C'est un noble nom parmi les noms de la Bretagne; et ma mère?

ACHARD.

Votre mère! la marquise d'Auray.

PAUL, *bondissant.*

Qu'est-ce que tu dis?

ACHARD.

La vérité.

PAUL.

Sur Dieu!

ACHARD.

Sur Dieu!

PAUL.

Alors Emmanuel est mon frère et Marguerite ma sœur.

ACHARD.

Les connaissez-vous déjà?

PAUL.

Tu avais bien raison, vieillard, Dieu peut ce qu'il veut, et ce qu'il fait est écrit long-temps à l'avance dans sa sagesse.

Il tombe sur une chaise et appuie sa tête dans ses mains.

ACHARD.

Votre père et la marquise étaient fiancés l'un à l'autre dès leur jeunesse, je ne sais quelle haine divisa leur famille et les sépara... Le comte de Morlaix partit pour Saint-Domingue, où son père possédait une habitation; je l'accompagnai, j'étais le fils de celui qui l'avait nourri... J'avais reçu la même éducation que lui; il m'appelait son frère, et moi seul me souvenais de la distance que la naissance avait mise entre nous.

PAUL.

Brave homme!...

ACHARD.

Au bout de deux ans, il revint et retrouva celle qu'il aimait mariée à un autre; mais le marquis, appelé à Paris par la charge qu'il occupait près du roi Louis XV, avait été forcé de laisser sa jeune femme trop souffrante pour le suivre dans ce vieux château d'Auray, dont vous apercevez d'ici les tourelles. (*Paul lève lentement la tête, et fait signe qu'il les voit.*) Quant à moi, pendant ce voyage, mon père était mort, et m'avait laissé cette petite maison avec les terres qui l'entourent ; j'en pris possession.

PAUL.

J'écoute.

ACHARD.

Une nuit, il y a vingt-cinq ans de cette nuit, on frappa à cette porte ; j'ouvris, et votre père entra, portant dans ses bras une femme dont le visage était voilé. Louis, me dit-il, tu peux faire plus que me sauver la vie et l'honneur, tu peux sauver la vie et l'honneur à celle que j'aime... Monte à cheval, cours à la ville, et dans une heure, sois ici avec un médecin. J'obéis ; le docteur fut introduit dans cette chambre, et votre père en ressortit bientôt, emportant dans ses bras et toujours voilée la femme mystérieuse qui venait de vous donner le jour.

PAUL.

Et comment sûtes-vous que cette femme était la marquise d'Auray ?

ACHARD.

J'avais offert à votre père de vous garder près de moi ; il avait accepté cette offre... de temps en temps il venait passer quelques heures avec vous.

PAUL.

Seul ?

ACHARD.

Toujours... seulement, lorsque vous vous promeniez dans le parc et que la marquise vous rencontrait, elle vous faisait signe de venir à elle, et vous embrassait comme un enfant étranger que l'on a plaisir à voir parce qu'il est beau. Quatre ans se passèrent ainsi ; puis, une nuit, on frappa de nouveau à cette même porte ; c'était encore votre père, il était plus calme, mais plus triste et plus sombre peut-être que la première fois... Louis, me dit-il, je me bats demain, au point du jour avec le marquis d'Auray ; c'est un duel à mort, et qui n'aura de témoin que toi seul, c'est chose convenue : donne-moi donc l'hospitalité pour cette nuit, et tout ce qu'il me faut pour écrire, j'obéis. Alors il s'assit devant cette table, sur cette chaise où vous êtes assis vous-même, (*Paul se lève*) et veilla toute la nuit... Au point du jour, il entra dans ma chambre et me trouva debout ; je ne m'étais pas couché ; quant à vous, vous dormiez dans votre berceau.

PAUL.

Après... ?

ACHARD.

Votre père vous regarda tristement... Si je suis tué, me dit-il, comme il pourrait arriver malheur à cet enfant, tu le remettras avec cette lettre à Fild, mon valet de chambre, il est chargé de le conduire en Écosse et de le remettre entre des mains sûres ; à vingt-cinq ans, il l'apportera l'autre moitié de cette pièce d'or, te demandera le secret de sa naissance ; tu le lui diras. Quant à ces papiers qui la constatent, tu ne les lui remettras qu'après la mort du marquis ; maintenant que tout est arrêté, partons, me dit-il. Alors il s'approcha de votre berceau, s'inclina vers vous, et, quoique ce fût un homme, je vis une larme tomber de ses yeux sur votre joue.

PAUL, *d'une voix étouffée.*

Continuez.

ACHARD.

Cette larme vous réveilla, vous lui jetâtes vos deux bras au cou, en lui disant : Adieu, père !

PAUL.

J'ai souvent pensé que l'enfance avait des pressentimens de l'avenir ; l'enfance et la vieillesse sont près de Dieu !

ACHARD.

Le rendez-vous était dans une allée du parc, à cent pas d'ici ; en arrivant, nous trouvâmes le marquis ; près de lui, sur un banc étaient des pistolets chargés ; les adversaires se saluèrent sans échanger une parole : le marquis montra du doigt les pistolets ; chacun s'empara du sien ; tous deux allèrent se placer à trente pas de distance, et se mirent à marcher à la rencontre l'un de l'autre... Ce fut un moment terrible, je vous le dis, que celui où je vis le terrain diminuer graduellement entre ces deux hommes ; à dix pas d'intervalle, le marquis s'arrêta et fit feu ; je regardais votre père, pas un muscle de son visage ne bougea ; il continua de marcher jusqu'au marquis, et, lui appuyant son pistolet sur le cœur...

PAUL.

Il ne le tua pas, j'espère !

ACHARD.

Il lui dit : — Vos jours sont à moi, je pourrais les prendre ; mais je veux que vous viviez pour me pardonner comme je vous pardonne. — A ces mots, votre père tomba mort, la balle du marquis lui avait traversé la poitrine.

PAUL.

Mon père, mon père !... et il vit, cet homme, n'est-ce pas, Achard, qu'il vit, et que je pourrai venger mon père ? n'est-ce pas que nous irons le trouver, que tu lui diras : C'est son fils, son fils, entendez-vous, son fils ! et il faut que vous vous battiez avec lui ?

ACHARD.

Dieu s'est chargé de la vengeance ; cet homme est fou !

PAUL.

C'est vrai, je l'avais oublié !

ACHARD.

Et, dans sa folie, il voit éternellement cette scène sanglante, et dix fois par jour il répète les paroles de mort qui lui furent adressées par votre père.

PAUL.

Voilà donc pourquoi la marquise ne le quitte pas d'un instant ?

ACHARD.

Et voilà pourquoi, sous prétexte qu'il ne veut pas voir ses enfans, elle a éloigné de lui Emmanuel et Marguerite.

PAUL.

Pauvre sœur; et maintenant, ne veut-elle pas la sacrifier, en la mariant malgré elle à ce misérable Lectoure?

ACHARD.

Oui; mais ce misérable Lectoure emmène sa femme à Paris, donne un régiment de dragons à son frère. La marquise ne craint plus la présence de ses enfans; son secret reste alors entre elle et deux vieillards, qui demain, cette nuit, peuvent mourir; et la douairière d'Auray, modèle d'amour maternel et de vertu conjugale, leur survit, entourée de la considération du monde.

PAUL.

Oh! crois-tu que ma mère...?

ACHARD.

Pardon! c'est vrai, je ne crois rien, j'ai tort; oubliez ce que j'ai dit, vous-même en jugerez... Ai-je besoin d'ajouter que les dernières volontés de votre père furent fidèlement exécutées: Fild vint vous chercher, dans la journée vous partîtes; vingt-un ans se sont écoulés depuis cette époque, et depuis cette époque, pas un jour n'a passé sans me voir faire des vœux pour le fils, agenouillé sur la tombe du père: ces vœux sont exaucés, Dieu merci! Vous voilà... votre père revit en vous; je le revois, je lui parle, je suis consolé.

PAUL, *regardant par la fenêtre.*

Silence, on vient!

ACHARD.

C'est un domestique du château.

PAUL.

Marguerite l'accompagne... Marguerite, ma sœur!... Tu me laisseras seul avec cette enfant, Achard; je voudrais lui parler.

ACHARD.

Songez que votre secret est celui de votre mère!

PAUL.

Sois tranquille, je ne lui parlerai que du sien. (*Achard entre.*) Pauvre enfant! cet intérêt que j'éprouvais pour toi hier, en te voyant, c'était donc de l'amour fraternel.... Enfin!...

SCÈNE IV.

PAUL, MARGUERITE, LAFFEUILLE.

MARGUERITE.

C'est bien, Laffeuille; posez là ces provisions, et allez m'attendre à la porte du parc. (*Laffeuille sort.*) Pardon, monsieur; mais je croyais trouver ici Louis Achard?

PAUL.

Dans cette chambre.

MARGUERITE, *entrant.*

Merci.

SCENE V.

PAUL, *seul.*

Oh! pauvre isolé que je suis! comment ferai-je pour ne pas te serrer dans mes bras, pour ne pas te dire: Marguerite, nulle femme ne m'a jamais aimé d'aucun amour; aime-moi d'un amour fraternel... car je suis le fils de ta mère?... Oh! ma mère, en me privant de votre amour, vous m'avez privé aussi de l'amour de cet ange. Dieu vous rende dans l'éternité le bonheur que vous avez éloigné de vous et des autres.

SCÈNE VI.

MARGUERITE, PAUL.

MARGUERITE, *à la porte qui sépare les deux chambres.*

Adieu, Achard! j'ai voulu venir moi-même; qui sait maintenant quand je pourrai vous revoir?

Elle va pour sortir par la porte du fond.

PAUL.

Marguerite! (*Elle se retourne étonnée; mais fait un second mouvement pour sortir.*) Marguerite, n'entendez-vous pas que je vous appelle?

MARGUERITE.

Il est vrai que vous avez prononcé mon nom, monsieur; mais je ne pouvais penser... ne vous connaissant pas...

PAUL.

Mais je vous connais, moi; je sais que vous êtes malheureuse; je sais que vous n'avez pas un cœur où verser votre peine, pas un bras à qui demander un appui.

MARGUERITE.

Vous oubliez celui qui est là-haut, monsieur.

PAUL.

Et, si loin de l'oublier, je me croyais envoyé par lui; si je vous disais: Marguerite, je suis votre ami, votre ami dévoué?

MARGUERITE.

Je vous demanderais, monsieur, quelle preuve vous pouvez me donner de cette amitié et de ce dévouement?

PAUL.

Et si je vous en donnais une?

MARGUERITE.

Laquelle?

PAUL.

Irrécusable!

MARGUERITE, *avec espoir.*

Oh! alors!...

PAUL.

Vous portez au bras gauche un bracelet...

MARGUERITE.

Qui vous l'a dit?

PAUL.

Le bracelet se ferme avec un cadenas dont la clef est cachée dans une bague.

MARGUERITE.

Oh! mon Dieu!

PAUL.

Et il y a un homme à qui vous avez juré, dan

une nuit de désespoir et d'adieu, que tant que cette bague ne vous serait pas rendue...
MARGUERITE.
Je ne serais à personne... Eh bien?...
PAUL.
Connaissez-vous cette bague?
MARGUERITE.
Miséricorde! il est mort!
PAUL.
Marguerite, il est vivant, il vous aime.
MARGUERITE.
S'il est vivant, s'il m'aime, comment cette bague est-elle entre vos mains?
PAUL.
Exilé, proscrit, il a pensé qu'il était de sa délicatesse de vous offrir de vous rendre la liberté, de disposer de votre cœur.
MARGUERITE.
Lorsqu'une femme a fait pour un homme ce que j'ai fait pour lui, elle ne doit aimer plus que cet homme et n'appartenir jamais qu'à Dieu!
PAUL.
Marguerite, vous êtes un ange.
MARGUERITE.
Dites-moi, vous l'avez donc vu?
PAUL.
C'est moi qui fus chargé de le déporter à Cayenne: pendant la traversée, il me dit tout et je vis que l'on m'avait fait l'instrument de la vengeance et non de la justice! Alors, je pensai que la Providence m'avait choisi pour être le juge des juges; Lusignan est exilé, mais libre, et il attend à New-York le résultat des démarches que ses amis à cette heure ont déjà faites à la cour.
MARGUERITE.
Et vous croyez obtenir sa grâce?
PAUL.
J'ai obtenu mieux que cela.
MARGUERITE.
Laissez-moi baiser vos mains, monsieur.
PAUL.
Venez dans mes bras, Marguerite, vous êtes une sainte jeune fille.
MARGUERITE.
Vous ne me méprisez donc pas?
PAUL.
Marguerite, si j'avais une sœur, je prierais Dieu qu'elle vous ressemblât.
MARGUERITE.
Vous auriez une sœur bien malheureuse!
PAUL.
Peut-être.
MARGUERITE.
Oh! vous ne savez pas?
PAUL.
Dites.
MARGUERITE.
M. de Lectoure doit être arrivé à cette heure.
PAUL.
Je le sais.
MARGUERITE.
Ce soir on signe le contrat.
PAUL.
Et vous le signerez?
MARGUERITE.
Ils me forceront.

PAUL.
Ne vous sentez-vous pas la force de résister?
MARGUERITE.
Je me sens la force de mourir.
PAUL.
Pauvre enfant!
MARGUERITE.
A qui voulez-vous que je m'adresse? qui voulez-vous que je prie? qui voulez-vous que j'implore, mon frère? Dieu sait si je lui pardonne, mais il ne peut me comprendre; ma mère! Oh! monsieur, vous ne la connaissez pas ma mère : c'est une femme d'une vertu sévère, d'une volonté inflexible, et lorsqu'elle a dit : Je le veux! il n'y a plus qu'à pleurer et à obéir. Mon père! vous ne savez peut-être pas, monsieur? il est insensé, il a perdu la raison, et avec elle, tout sentiment d'amour paternel... il y a dix ans que je ne l'ai vu, mon père; il y a dix ans que je n'ai pressé ses mains tremblantes, que je n'ai baisé ses cheveux blancs. Il ne sait plus s'il a un cœur, s'il a des enfans, s'il a une fille... il ne me reconnaîtra pas, et, me reconnût-il, eût-il pitié de moi, ma mère lui mettra une plume entre les mains, lui dira : Signez, je le veux! et il signera, le pauvre et faible vieillard, et Marguerite sera condamnée.
PAUL.
Marguerite, je serai à la signature de ce contrat.
MARGUERITE.
Et qui vous introduira au château?
PAUL.
J'ai un moyen.
MARGUERITE.
Oh! mon frère est brave, emporté; son ambition s'ouvre un avenir par mon mariage... Oh! monsieur! monsieur!
PAUL.
Votre frère m'est aussi sacré que vous-même, ne craignez rien!
MARGUERITE.
Vous me faites frémir.
PAUL.
Que comptez-vous faire avec Lectoure?
MARGUERITE.
Lui demander un entretien.
PAUL.
Et dans cet entretien?
MARGUERITE.
Lui tout dire.
PAUL, *inclinant un genou.*
Laissez-moi vous adorer.
MARGUERITE.
Monsieur...
PAUL.
Oh! comme une sœur.
MARGUERITE.
Oh! vous êtes bon, et je crois que c'est Dieu qui vous envoie.
PAUL.
Croyez!

MARGUERITE.

Ainsi, ce soir...

PAUL.

Ne vous étonnez, ne vous effrayez de rien; seulement tâchez de me faire comprendre par un mot le résultat de votre entretien avec Lectoure.

MARGUERITE.

Adieu!

PAUL.

Adieu!

MARGUERITE, *lui serrant la main.*

Adieu, vous que je ne sais de quel nom nommer.

PAUL.

Nommez-moi votre frère.

MARGUERITE.

Adieu, mon frère!

PAUL.

Adieu, ma sœur; tu es la première qui m'ait fait entendre une aussi douce parole! Dieu t'en récompense, jeune fille! (*Marguerite sort:* **Paul** *appelant.*) Achard! (*Achard paraît.*) Maintenant, conduis-moi à la tombe de mon père!

FIN DU DEUXIÈME ACTE.

ACTE TROISIÈME.

Même décoration qu'au premier acte; les candélabres qui sont sur la cheminée sont allumés.

SCÈNE PREMIÈRE.

EMMANUEL, LE BARON DE LECTOURE.

EMMANUEL.

Permettez, mon cher baron, que je vous fasse les honneurs du manoir de mes ancêtres. Cela date de Philippe-Auguste, comme architecture, et de Henri IV comme décoration.

LECTOURE.

C'est sur mon honneur une charmante forteresse, et qui répand à trois lieues à la ronde une odeur de baronie à parfumer un fournisseur. Si jamais il me prenait la moindre velléité de rébellion contre sa majesté, je vous prierais de me prêter ce bijou (*regardant les tableaux*), et la garnison avec.

EMMANUEL.

Trente-trois quartiers, pas davantage : cela commence à un chevalier Hugues d'Auray, qui accompagna Louis VII à la croisade; cela passe par ma tante Débora, que vous apercevez en grand costume de bergère, une houlette à la main, un nid d'oiseau-mouche dans les cheveux, un bichon sur les genoux; et cela vient définitivement aboutir, sans interruption dans la branche masculine, au dernier membre de cette illustre famille, votre très-humble et très-obéissant serviteur, Emmanuel d'Auray.

LECTOURE.

C'est tout-à-fait respectable.

EMMANUEL.

Oui; mais je ne me sens pas assez patriarche pour passer ma vie dans cette société; aussi j'espère, baron, que vous avez pensé à me tirer de ce terrier.

LECTOURE.

Je voulais vous apporter votre commission de colonel des dragons de la reine; je savais l'office vacant, et je faisais des démarches, lorsque j'appris que la chose était accordée à la requête de je ne sais quel amiral mystérieux, une espèce de pirate, de corsaire, que sa majesté a pris en affection parce qu'il a battu les Anglais à White-Haven, où il a escaladé un fort, et sur les côtes d'Irlande, où il leur a pris un vaisseau: pour ces deux exploits, sa majesté l'a décoré de l'ordre du mérite militaire, et lui a donné une épée avec une garde en or, comme il aurait pu faire à quelqu'un de noblesse : bref, c'est partie perdue de ce côté, nous nous tournerons d'un autre.

EMMANUEL.

Et la croix?

LECTOURE.

Oh! pour cela c'est chose facile, j'ai promesse de M. de Vaudreuil.

EMMANUEL.

Très-bien, vous comprenez que peu m'importe l'arme à moi; ce que je veux, c'est un grade qui aille à mon nom.

LECTOURE.

Parfaitement!

EMMANUEL.

Et comment vous êtes-vous tiré de tous vos engagemens?

LECTOURE.

En disant la vérité; j'ai annoncé publiquement que je me mariais.

EMMANUEL.

C'est du courage, surtout si vous avez avoué que vous preniez femme au fond de la Bretagne.

LECTOURE.

Je l'ai avoué.

EMMANUEL.

Et alors la compassion a fait place à la colère.

LECTOURE.

Ah! vous comprenez: nos dames de la cour croient que le soleil se lève à Paris et se couche à Versailles, tout le reste de la France c'est de la Laponie, du Groënland, de la Nouvelle-Zemble; de sorte qu'on s'attend à voir arriver quelque chose d'inconnu, avec des mains terribles et des pieds formidables... et l'on s'est trompé, n'est-ce pas,

Emmanuel ? vous m'avez dit, au contraire, que votre sœur...

EMMANUEL.

Vous la verrez.

LECTOURE.

Ce sera un grand désappointement pour cette pauvre Mme de Chaulnes... (*Se retournant.*) Qu'est-ce ?

JASMIN, *entrant.*

Mlle Marguerite d'Auray fait demander à monsieur le baron de Lectoure l'honneur d'un entretien particulier.

LECTOURE.

A moi ? avec le plus grand plaisir ?

EMMANUEL.

Mais non, c'est une erreur ; vous vous trompez, Jasmin.

JASMIN.

J'ai l'honneur d'assurer à monsieur le comte que je m'acquitte exactement de l'ordre qui m'a été donné.

EMMANUEL.

Impossible, baron, envoyez promener cette petite sotte.

LECTOURE.

Point du tout ; qu'est-ce qu'une Barbe-Bleue de frère comme celui-là ? Jasmin, dites à ma belle fiancée que je suis à ses pieds, à ses genoux, comme elle voudra. Et vous, comte, j'espère que vous aurez assez de confiance en moi pour permettre le tête-à-tête ?

EMMANUEL.

C'est ridicule.

LECTOURE.

Point, c'est convenable ; je ne suis pas une tête couronnée, moi, pour épouser une femme sur portrait et par ambassadeur ; je désire la voir en personne : franchement, est-ce qu'il y a difformité ?

EMMANUEL.

Eh ! non, par Dieu ! elle est jolie comme un ange.

LECTOURE.

Eh bien, alors, qu'est-ce cela veut dire ? Voyons, faut-il que j'appelle mes gardes ? (*Emmanuel sort.*) Enfin !... Jasmin, faites entrer.

~~~~~~

SCENE II.

LECTOURE, MARGUERITE.

LECTOURE.

Pardon, mademoiselle, c'était à moi à solliciter la faveur que vous m'accordez, et la seule crainte d'être indiscret...

MARGUERITE.

Je vous sais gré de cette délicatesse, monsieur le baron, et elle m'enhardit encore dans la confiance que j'ai en vous.

LECTOURE.

Quelle qu'elle soit, cette confiance m'honore, et je tâcherai de m'en rendre digne. (*A part.*) Sur mon ame, Emmanuel a raison, elle est charmante !

MARGUERITE.

C'est que ce que j'ai à vous dire, monsieur le baron... pardon, mais je ne suis pas maîtresse...

Elle chancelle et cherche une chaise pour s'appuyer.

LECTOURE.

Bon Dieu ! mais c'est donc une chose bien difficile ? ou sans m'en douter, aurais-je l'air bien imposant ? (*Il lui prend la main.*) Parlez... comment, mais ce n'est pas assez d'une figure adorable... des mains charmantes, des mains royales !

MARGUERITE, *retirant sa main.*

J'espère, monsieur le baron, que ce sont des paroles de pure galanterie ?

LECTOURE.

Non, sur l'honneur, c'est la vérité.

MARGUERITE.

Et quand même, penseriez-vous ce que vous dites, ce ne seraient point de pareils motifs qui vous feraient attacher un plus grand prix...

LECTOURE.

Si fait, je vous jure.

MARGUERITE.

J'espère que vous regardez le mariage comme une chose grave ?

LECTOURE.

C'est selon, si je prenais une douairière, par exemple...

MARGUERITE.

Enfin, monsieur, pardon, si je me suis trompée ; mais j'ai pensé parfois que vous vous étiez fait, sur l'union projetée entre nous, des idées de réciprocité de sentimens.

LECTOURE.

Jamais... non, jamais, depuis que je vous ai vue, surtout, je n'ai espéré être digne de votre... comment dirai-je ? de votre amour. Mais mon nom, ma position sociale, me rendent digne sinon de votre cœur, du moins de votre main.

MARGUERITE.

Mais comment, monsieur, comment séparez-vous l'un de l'autre ?

LECTOURE.

Mais les trois quarts des mariages se font ainsi. On épouse... l'homme, pour avoir une femme ; la femme pour avoir un mari : c'est une position, un arrangement social ; que voulez-vous que les sentimens et l'amour aient à faire dans tout cela ?

MARGUERITE.

Pardon, je m'explique peut-être mal ; la timidité d'une jeune fille en parlant d'un pareil sujet...

LECTOURE.

Point, vous parlez comme Clarisse Harlowe ; et c'est clair comme le jour, et je comprends très-bien.

MARGUERITE.

Comment, monsieur, si, en descendant au fond de mon cœur, si, en interrogeant mes sentimens, j'y voyais l'impossibilité d'aimer jamais...

LECTOURE.
Il ne faudrait pas me le dire:

MARGUERITE.
Et pourquoi?

LECTOURE.
Parce que... parce que... c'est trop naïf.

MARGUERITE.
Et si je ne vous le disais point par naïveté, si je vous le disais par délicatesse, si j'ajoutais... monsieur, et que la honte de cet aveu retombe sur ceux qui me forcent à le faire, que j'ai aimé, que j'aime encore?

LECTOURE.
Quelque petit cousin, n'est-ce pas? c'est une race maudite, qui se fourre partout, et qui nous écorne toutes nos femmes en jouant au furet du bois joli, ou à la toilette de madame. Mais on sait ce que c'est que ces sortes d'attachement : il n'y a pas une pensionnaire qui, à la fin des vacances, ne rentre au couvent avec une passion dans le cœur.

MARGUERITE.
Malheureusement pour moi, je ne suis plus une pensionnaire, monsieur, et, quoique jeune encore, j'ai depuis long-temps passé l'âge des jeux puérils et des attachemens enfantins. Lorsque je parle à l'homme qui me fait l'honneur de solliciter ma main, de mon amour pour un autre, il doit penser que je lui parle d'un amour grave, profond, éternel; d'un de ces amours qui creusent leur trace dans le cœur et leur passage dans la vie.

LECTOURE.
Diable; mais c'est de la bergerie, cela... voyons, est-ce un jeune homme que l'on puisse recevoir?

MARGUERITE.
Oh! c'est l'être le meilleur, le plus dévoué.

LECTOURE.
Je ne parle pas des qualités du cœur; il les a toutes, c'est convenu... je vous demande s'il est de noblesse, s'il est de race... si une femme peut... l'avouer enfin... sans faire tort à son mari?

MARGUERITE.
Son père, qu'il a perdu encore jeune, était conseiller à la cour de Rennes.

LECTOURE.
Noblesse de robe, j'aimerais mieux autre chose; mais enfin tout le monde n'a pas le bonheur du duc de Longueville, qui choisit lui-même les amans de sa femme. Pardon, voilà... il laissera passer six mois pour les convenances, mettra ses connaissances en quête pour quelque charge à la cour, se fera présenter chez vous par un ami commun, et tout sera dit.

MARGUERITE.
Je ne vous comprends pas, monsieur!

LECTOURE.
C'est pourtant limpide, ce que je vous dis: vous avez des engagemens de votre côté, j'en ai du mien, cela ne doit pas empêcher une union convenable sous tous les rapports de s'accomplir, et, une fois accomplie, eh bien, il faut la rendre tolérable.

MARGUERITE, *reculant*.
Pardon, monsieur, j'ai été bien imprudente, bien coupable peut-être; mais je ne croyais pas encore mériter une pareille injure... Oh! oh! le rouge de la honte me monte au front plus encore pour vous que pour moi. Oui, je comprends, un amour apparent et un amour caché, le visage du vice et le masque de la vertu; et c'est à moi, à la fille de la marquise d'Auray, qu'on propose ce marché honteux, avilissant, infâme! Oh! il faut donc que je sois une créature bien malheureuse, bien méprisable et bien perdue!

Elle tombe sur une chaise et cache son visage dans ses mains.

LECTOURE, *appelant*.
Emmanuel?

Emmanuel entre.

SCENE III.

EMMANUEL, LECTOURE, MARGUERITE.

LECTOURE.
Mon cher, votre sœur a des spasmes, il faut faire attention à ces choses, ou cela devient chronique. Mme de Meulan en est morte, tenez, voilà mon flacon, faites-le lui respirer!

Il sort par le fond.

SCENE V.

EMMANUEL, MARGUERITE.

EMMANUEL.
Marguerite, Marguerite... Eh bien! qu'est-ce que tu fais donc? tu pleures? Allons, de la tenue, nous avons déjà trois ou quatre personnes, le notaire est arrivé, mon père va descendre.

MARGUERITE.
Mon père!... es-tu sûr que mon père?

EMMANUEL.
Mais il le faut bien.

MARGUERITE.
Eh bien, oui, c'est mon seul, mon dernier, mon unique espoir; mon Dieu, donnez-moi le courage.

Elle sort par la gauche.

EMMANUEL.
Pauvre sœur, je crois que tu ferais mieux de lui demander la raison. Allons, voilà Lectoure en conversation avec M. de Nozay.

SCENE VI.

DE NOZAY, LECTOURE, EMMANUEL.

LECTOURE.
Mais savez-vous que c'est une chasse charmante et tout-à-fait de bonne compagnie; moi aussi, j'ai des marais, des étangs et des canards;

je demanderai à mon intendant où tout cela est. Emmanuel, voilà monsieur qui me dit une chose fort curieuse. Et prenez-vous beaucoup de canards de cette manière ?

DE NOZAY.

Immensément.

LECTOURE.

Imaginez-vous que monsieur se met dans l'eau jusqu'au cou... à quelle époque ?

DE NOZAY.

Mais au mois de décembre ou de janvier.

LECTOURE.

Se coiffe d'un potiron et se faufile dans les roseaux ; cela le change au point que les canards ne le reconnaissent pas, et se laissent approcher à portée, n'est-ce pas ?

DE NOZAY.

Comme d'ici à vous.

LECTOURE.

Et monsieur en tue autant qu'il en veut ?

DE NOZAY.

Des douzaines.

LECTOURE.

Cela doit faire grand plaisir à votre femme, si elle aime les canards.

DE NOZAY.

Elle les adore.

LECTOURE.

Cela doit être une personne fort intéressante ?

DE NOZAY, *s'inclinant.*

Monsieur...

LECTOURE.

Je vous assure que, de retour à Versailles, la première chose que je ferai sera de parler de cette chasse au petit lever, et je suis convaincu que sa majesté en fera faire l'essai dans la pièce d'eau des Suisses.

EMMANUEL, *à demi-voix.*

Pardon, baron, mais ce sont des voisins de campagne qu'il est impossible de ne pas recevoir dans une solennité comme celle-ci.

LECTOURE.

Comment donc ? mais vous auriez eu grand tort de m'en priver, il entre de droit dans la dot de ma future épouse, et j'aurais été désespéré de ne pas faire sa connaissance.

LAFFEUILLE, *annonçant.*

Monsieur de La Jarry !

LECTOURE, *à M. de Nozay.*

Un compagnon de chasse ?

DE NOZAY.

Non, c'est un voyageur.

SCÈNE VI.

LES MÊMES, M. DE LA JARRY, *avec une redingote fourrée.*

EMMANUEL.

Eh ! mon cher La Jarry, comme vous voilà fourré! sur mon honneur, vous avez l'air du czar Pierre.

LA JARRY.

C'est que... voyez-vous, comte, lorsque l'on a rive de Naples...

LECTOURE.

Ah ! monsieur arrive de Naples ?

LA JARRY.

En droiture, et je trouve qu'il fait un froid c Bretagne !

DE NOZAY.

Avez-vous vu le Vésuve ?

LA JARRY.

Je l'ai entrevu. D'ailleurs, ce n'est pas ce qu' y a de plus curieux à Naples, une montagne q fume... ma cheminée en fait autant... et puis Mme La Jarry avait une peur effroyable des irrup tions.

LECTOURE.

Vous avez été à la grotte du Chien, je présume

LA JARRY.

Pourquoi faire ? pour voir une bête qui a de vapeurs... donnez une boulette au premier cani che, il en fera autant. Puis Mme La Jarry a la pas sion des chiens, et cela lui aurait fait de la pein

EMMANUEL.

J'espère au moins qu'un savant comme vous n' pas négligé la Solfatara ?

LA JARRY.

Moi, je n'y ai pas mis le pied. Je me figure bie ce que c'est : trois ou quatre arpens de souffre voilà tout... qui ne rapportent absolument rie que des allumettes, et puis Mme La Jarry ne peu souffrir l'odeur du souffre.

EMMANUEL, *bas à Lectoure.*

Eh bien ! comment trouvez-vous celui-là ?

LECTOURE, *de même.*

Je ne sais pas si c'est parce que je l'ai vu l premier, mais je préfère l'autre.

LAFFEUILLE, *annonçant.*

M. Paul !

EMMANUEL, *se retournant.*

Hein ?

LECTOURE.

Encore un voisin de campagne ?

EMMANUEL.

Non, celui-là, c'est autre chose. — Commen cet homme ose-t-il se présenter ici ?

LECTOURE.

Roturier, vilain, n'est-ce pas ? — Poète, peintre musicien, quelque chose comme cela ! Eh bien je vous assure, Emmanuel, que l'on commence recevoir cette espèce ; cette maudite philosophi confond tout. Un artiste s'assied près d'un gran seigneur, le coudoie, le salue du coin du chapeau reste sur son siège, quand il se lève. Ils parlen ensemble des choses de cour, ils ricanent, il plaisantent, ils chamaillent ; c'est un mauvai goût de très-bon ton.

EMMANUEL.

Vous vous trompez, Lectoure ; ce n'est ni u poète, ni un peintre, ni un musicien, c'est u homme auquel il faut que je parle seul. (*Prenan le bras de La Jarry.*) Si vous voulez passer un instant dans le boudoir, monsieur, vous y trouverez des gouaches représentant les îles d'Ischia, de Capri, de Nisida.

LA JARRY.

Ah! oui, je les ai aperçues des fenêtres de l'hôtel, mais je n'y suis pas allé, Mme de La Jarry craint horriblement le mal de mer.

LECTOURE, *prenant le bras de Nozay.*

Et vous dites, monsieur, qu'on n'a qu'à se coiffer la tête d'un potiron?

DE NOZAY.

En se ménageant toutefois des ouvertures pour les yeux et pour la bouche.

Ils sortent tous quatre par la droite; on ouvre la porte du fond; Paul paraît.

SCENE VII.

PAUL, *au fond,* MARGUERITE, *entr'ouvrant la porte de la bibliothèque.*

PAUL, *allant vivement à elle.*

Je vous cherchais. Eh bien?

MARGUERITE.

Je lui ai tout dit.

PAUL.

Et...?

MARGUERITE.

Et dans dix minutes on signe le contrat!

PAUL.

Je m'en doutais. C'est un misérable!

MARGUERITE.

Que faire?

PAUL.

Du courage, Marguerite!

MARGUERITE.

Du courage... oh! je n'en ai plus!

PAUL, *lui présentant un papier.*

Voilà qui vous en rendra.

MARGUERITE.

Que contient ce papier?

PAUL.

Le nom du village où vous attend votre fils, et l'adresse de la femme chez laquelle on l'a caché.

MARGUERITE.

Oh! mais vous êtes donc un ange!

PAUL.

Silence! quelque chose qui arrive, vous me retrouverez chez Achard.

MARGUERITE.

Bien!

Elle rentre dans la bibliothèque.

SCENE VIII.

EMMANUEL, PAUL.

EMMANUEL, *rentrant par la droite.*

Je vous attendais à une autre heure, monsieur, et devant moins nombreuse compagnie.

PAUL.

Nous sommes seuls, ce me semble.

EMMANUEL.

Oui; mais dans un instant ce salon sera plein.

PAUL.

On dit bien des choses en un instant, monsieur le comte.

EMMANUEL.

Vous avez raison; mais il faut rencontrer un homme auquel il ne faille pas plus d'un instant pour les comprendre.

PAUL.

J'écoute.

Lectoure sort de la porte à droite, s'avance au fond, et écoute sans être vu d'Emmanuel et de Paul.

EMMANUEL.

Vous m'avez parlé de lettres?

PAUL.

C'est vrai.

EMMANUEL.

Vous avez fixé un prix à ces lettres?

PAUL.

C'est encore vrai.

EMMANUEL.

Eh bien! pour ce prix êtes-vous prêt à me les donner?

PAUL.

Emmanuel, remettez à demain la signature de ce contrat, et accordez-moi une entrevue cette nuit.

EMMANUEL.

La signature du contrat ne peut se remettre; cette entrevue est inutile, puisqu'elle a lieu en ce moment. Êtes-vous prêt?

PAUL.

Écoutez-moi.

EMMANUEL.

Oui, ou non?

PAUL.

Deux mots.

EMMANUEL.

Oui, ou non?

PAUL, *froidement.*

Non.

EMMANUEL.

A quelle heure vous plaira-t-il, monsieur, de faire demain une promenade avec moi?

PAUL.

Je regrette de ne pouvoir accepter l'offre que vous me faites, monsieur le comte.

EMMANUEL.

C'est que vous ne comprenez pas bien sans doute?

PAUL.

Au contraire, parfaitement.

EMMANUEL.

Que cette promenade n'est autre chose...

PAUL.

Qu'une rencontre.

EMMANUEL.

Et vous refusez?

PAUL.

Je ne puis me battre avec vous, Emmanuel!

EMMANUEL.
Vous ne pouvez vous battre avec moi?
PAUL.
Sur l'honneur!
EMMANUEL.
Vous ne pouvez vous battre avec moi, dites-vous?

Lectoure éclate de rire.

PAUL, *se retournant.*
Non; mais je puis me battre avec monsieur, qui est un misérable et un infâme.
EMMANUEL.
Que veut dire...?
PAUL, *à Lectoure.*
Vous avez entendu, n'est-ce pas?
LECTOURE, *froidement.*
Oui; seulement je regrette que vous ayez oublié, monsieur, qu'il est des hommes qu'on n'a pas besoin d'insulter pour les faire battre.
PAUL.
N'oubliez pas que vous avez le choix du temps, du lieu et des armes.
LECTOURE.
Emmanuel arrangera toutes ces choses avec votre témoin, vous comprenez qu'elles ne me regardent en aucune manière.
EMMANUEL.
J'espère que vous comprenez, monsieur, que, quant à moi, ce n'est que partie remise.
PAUL.
Silence! on vient.
EMMANUEL.
Et vous restez?
PAUL.
Je reste.
EMMANUEL.
Ici?
PAUL.
Ici, ou dans cette bibliothèque, si vous l'aimez mieux.

Il entre dans la bibliothèque.

EMMANUEL.
Jasmin! (*Jasmin entre.*) Faites entrer.

SCÈNE IX.

LES MÊMES, *à gauche;* LA JARRY, DE NOZAY, UN NOTAIRE, *à droite, tenant le contrat et le déposant sur la table;* PLUSIEURS AUTRES GENTILSHOMMES.

LAFFEUILLE, *annonçant.*
Mme la marquise d'Auray.
LA MARQUISE, *entrant par le fond.*
Je suis bien reconnaissante, messieurs, de l'honneur que vous me faites, en assistant aux fiançailles de ma fille avec M. le baron de Lectoure: aussi ai-je désiré que le marquis, tout souffrant qu'il est, assistât à cette réunion et vous remerciât, du moins par sa présence, s'il ne peut le faire autrement. Vous connaissez sa situation, vous ne vous étonnerez donc pas si quelques mots sans suite...
LECTOURE.
Oui, madame, nous savons le malheur qui l'a frappé, et nous admirons la femme dévouée qui depuis vingt ans supporte la moitié de ce malheur.
EMMANUEL, *baisant la main de sa mère.*
Vous le voyez, madame, tout le monde est à genoux devant vous.
LA MARQUISE, *à demi-voix.*
Où est Marguerite?
EMMANUEL, *de même.*
Elle était là il n'y a qu'un instant.
LA MARQUISE.
Faites-la prévenir.
LAFFEUILLE, *annonçant.*
Le marquis d'Auray.

SCÈNE X.

LES MÊMES, LE MARQUIS D'AURAY, *en costume de cour et décoré de la croix de Saint-Louis.*

Il est soutenu par deux domestiques: il s'arrête à la porte et regarde avec étonnement et d'un air égaré tout ce qui l'entoure; puis s'avance, s'assied dans un fauteuil placé au milieu du salon près de la table et laisse en soupirant retomber sa tête sur sa poitrine. Emmanuel sort.

LE NOTAIRE.
Ferai-je la lecture du contrat?
LA MARQUISE.
C'est inutile, puisque les parties intéressées ont pris connaissance des conditions qu'il renferme. Monsieur le tabellion, offrez la plume.

De Nozay et La Jarry, signent comme témoins; le premier après avoir signé passe à gauche, l'autre reprend sa place.

EMMANUEL, *amenant Marguerite.*
Voici, ma sœur Marguerite.
MARGUERITE, *après avoir salué, s'adressant à sa mère.*
Madame!
LA MARQUISE, *lui fait un geste sévère.*
A vous, mon fils. (*Emmanuel signe.*) A vous, monsieur le baron. (*Lectoure signe, lui rend la plume, et va se placer près de La Jarry. La marquise signe à son tour.*) A vous, ma fille.
MARGUERITE, *faisant un pas.*
Madame
LA MARQUISE, *lui tendant la plume au-dessus de la tête du marquis.*
Signez!
MARGUERITE, *s'avance en chancelant, étend la main pour prendre la plume.*
Non, non, jamais! (*Se jetant aux pieds du marquis.*) Mon père, mon père! prenez pitié de moi!
LA MARQUISE, *se baissant, à demi-voix.*
Que faites-vous? êtes-vous folle?
MARGUERITE.
Mon père!

LE MARQUIS, *soulevant la tête.*

Qui m'appelle? quelle est cette voix? que faites-vous là à mes pieds, mon enfant? que voulez-vous? que demandez-vous?

LA MARQUISE.

Marguerite.

MARGUERITE.

Madame, je ne puis m'adresser à vous, laissez-moi donc implorer mon père, à moins que vous n'aimiez mieux (*montrant le tabellion*) que j'invoque la loi.

LA MARQUISE, *souriant avec effort.*

Allons, c'est une scène de famille, messieurs, et ces sortes de choses, fort attendrissantes pour les grands parens, sont d'habitude assez fastidieuses aux étrangers. Messieurs, veuillez passer dans les chambres voisines; mon fils, faites les honneurs; monsieur le baron, pardonnez.

LECTOURE.

Comment, madame? (*Se retournant vers La Jarry.*) Vous dites donc que Mme La Jarry craint horriblement le mal de mer?

LA JARRY.

Au point qu'elle a manqué de mourir pour aller d'ici à Belle-Isle.

Tout le monde sort.

SCENE XI.

LE MARQUIS, MARGUERITE, LA MARQUISE.

LA MARQUISE, *regardant s'éloigner tout le monde; puis, lorsque la dernière personne est disparue, fermant la porte et venant vivement se placer à gauche de Marguerite.*

Maintenant qu'il n'y a plus ici que ceux qui ont le droit de vous donner des ordres, mademoiselle, signez, ou sortez.

MARGUERITE.

Oh! par pitié, madame! (*La marquise lui prend le bras; elle s'attache à son père.*) Mon père, mon père! grâce pour moi, grâce! Non, non, il ne sera pas dit que depuis dix ans que je n'ai vu mon père, on m'arrachera de ses bras, au moment où je le revois, sans qu'il m'ait reconnue, sans qu'il m'ait embrassée : mon père! c'est moi, c'est votre fille!

LE MARQUIS, *rappelant ses souvenirs.*

Qu'est-ce que cette voix qui me paraît si douce? qu'est-ce que cette enfant qui m'appelle son père?

LA MARQUISE, *se baissant entre Marguerite et le marquis.*

C'est une voix qui s'élève contre les droits de la nature, c'est une enfant rebelle.

MARGUERITE.

Mon père, regardez-moi, sauvez-moi, défendez-moi! je suis Marguerite.

LE MARQUIS.

Marguerite! j'ai eu un enfant de ce nom.

MARGUERITE.

C'est moi, c'est moi, c'est votre fille!

LA MARQUISE.

Il n'y a d'enfans que ceux qui obéissent, obéissez, et vous aurez droit de dire que vous êtes notre fille.

MARGUERITE.

Oh! à vous, mon père, à vous, je suis prête à obéir! mais vous n'ordonnerez pas, vous, vous ne voudrez pas que je sois malheureuse, oh! mais, malheureuse à désespérer!

LE MARQUIS, *la serrant dans ses bras.*

Viens! viens! oh! c'est une sensation délicieuse! et maintenant... oh! mais il me semble que je me souviens...

LA MARQUISE.

Monsieur!

LE MARQUIS, *relevant la tête.*

Prenez garde, madame, prenez garde, ne vous ai-je pas dit que je me souvenais!... Parle! parle, mon enfant; qu'as-tu?

MARGUERITE.

Oh! je suis bien malheureuse!

LE MARQUIS.

Tout le monde est donc malheureux ici, cheveux noirs et cheveux blancs, enfant et vieillard! ah! moi aussi, moi aussi, (*il se renverse dans le fauteuil*) je suis bien malheureux!

LA MARQUISE, *qui est passée à la droite du marquis.*

Marquis, remontez dans votre appartement, il le faut.

LE MARQUIS.

Oui, n'est-ce pas, pour m'y trouver face à face avec vous! c'est bon quand je suis fou, madame!

MARGUERITE.

Oui, mon père, vous avez raison, et il y a assez long-temps que ma mère se dévoue, il est temps que ce soit votre fille. Mon père, si vous le voulez, je ne vous quitterai ni jour ni nuit.

LE MARQUIS.

Ah! tu n'auras pas le courage de le faire.

MARGUERITE.

Si, mon père, si, je le ferai, aussi vrai que je suis votre fille!

LE MARQUIS.

Si tu es ma fille, pourquoi depuis dix ans ne t'ai-je pas vue?

MARGUERITE.

Mais on m'a dit que vous ne vouliez pas me voir, que vous ne m'aimiez pas.

LE MARQUIS, *lui prenant la tête entre ses mains.*

On a dit que je ne voulais pas te voir, figure d'ange! on t'a dit cela! on t'a dit qu'un pauvre damné ne voulait pas du ciel! Et qui donc a dit qu'un père ne voulait pas voir sa fille, qui a osé dire à un enfant : Enfant, ton père ne t'aime pas!

LA MARQUISE.

Moi.

LE MARQUIS.

Vous!... mais vous avez donc eu mission de me tromper dans toutes mes affections : il faut donc que toutes mes douleurs prennent leur source en vous, et que vous brisiez le cœur du

père comme vous avez brisé celui de l'époux!
Il se lève.

LA MARQUISE.

Vous délirez, monsieur.

LE MARQUIS.

Dites, madame, que je suis entre un ange qui veut me rappeler à la raison, et un démon qui veut me rendre à la folie... Non, non, je ne suis plus insensé... faut-il que je vous le prouve? faut-il que je vous parle de lettres, d'adultère! de duel!

LA MARQUISE, *le prenant par le bras.*

Je vous dis que vous êtes plus abandonné de Dieu que jamais de dire de pareilles choses, sans songer aux oreilles qui vous écoutent! Baissez les yeux, regardez qui est là, et osez dire que vous n'êtes pas fou!

LE MARQUIS.

Vous avez raison. (*Retombant sur sa chaise.*) Elle a raison, ta mère! c'est moi qui suis insensé, et il ne faut pas croire à ce que je dis, mais à ce qu'elle dit, elle! ta mère! C'est le dévouement, c'est la vertu!... aussi, elle n'a ni insomnie ni remords! Qu'est-ce qu'elle veut, ta mère?

MARGUERITE.

Mon malheur, mon père, mon malheur éternel!...

LE MARQUIS.

Et comment puis-je empêcher ce malheur, moi, pauvre fou!... qui crois toujours voir du sang couler d'une blessure!... qui crois toujours entendre une tombe qui parle!...

MARGUERITE.

Oh! vous pouvez tout; dites un mot. On veut me marier... écoutez; me marier à un homme que je n'aime pas... comprenez-vous?... à un misérable, à un infâme!... et l'on vous a amené ici, vous, vous, mon père, pour signer ce contrat!... tenez, là, là, sur cette table!...

LE MARQUIS, *prenant le contrat.*

Sans me consulter! sans me demander si je le veux!... Me croit-on mort, et me craint-on moins qu'un spectre? Ce mariage fait ton malheur, as-tu dit?

MARGUERITE.

Éternel, éternel!

LE MARQUIS.

Ce mariage ne se fera pas.

LA MARQUISE.

Monsieur, j'ai engagé votre nom et le mien.

LE MARQUIS.

Ce mariage ne se fera pas, vous dis-je!... (*il se lève*) c'est une chose trop terrible qu'un mariage où la femme n'aime pas son mari!... cela rend fou!... ce n'est pas moi, ma fille!... moi, la marquise m'a toujours aimé... aimé fidèlement. Ce qui me rend fou c'est autre chose... ce contrat... (*il veut le prendre, la marquise l'en empêche*) ce qui me rend fou, moi!... c'est une tombe qui se rouvre!... c'est un spectre qui sort de terre!... c'est un fantôme qui vient!... qui me parle... qui me dit...

LA MARQUISE, *répétant près de l'oreille du marquis les paroles de Morlaix mourant.*

Vos jours sont à moi... je pourrais les prendre.

LE MARQUIS.

L'entends-tu, l'entends-tu?

LA MARQUISE, *continuant.*

Mais je veux que vous viviez pour me pardonner comme je vous pardonne!

LE MARQUIS, *retombant dans son fauteuil.*

Grâce, Morlaix, grâce!...

MARGUERITE.

Mon père!

LA MARQUISE, *triomphant.*

Vous voyez que votre père est insensé!...

MARGUERITE.

Oh! ma voix, mes caresses, mes larmes, lui rendront la raison.

LA MARQUISE.

Essayez.

MARGUERITE.

Mon père!

LA MARQUISE.

Monsieur!

LE MARQUIS, *tressaillant.*

Hein!...

MARGUERITE.

Mon père!...

LA MARQUISE.

Prenez cette plume et signez; il le faut, je le veux!

Elle pose la main du marquis sur le contrat, et lui met une plume entre les mains; le marquis signe à moitié.

MARGUERITE, *se renversant.*

Et maintenant, je suis perdue!...

SCÈNE XII.

LES MÊMES, PAUL, *sortant de la bibliothèque; puis* EMMANUEL *et* LECTOURE.

PAUL.

Marquise d'Auray!

LA MARQUISE.

Qui m'appelle?

Marguerite se relève.

LECTOURE *et* EMMANUEL, *entrant par le fond et allant à Paul.*

Monsieur!...

PAUL, *les repoussant du geste.*

Arrière!...

LECTOURE.

Vous me rendrez raison...

PAUL.

C'est chose dite!... Marquise d'Auray, il faut que je vous parle à l'instant.

LA MARQUISE, *reculant à droite et le regardant avec effroi.*

Est-ce un spectre !...

LE MARQUIS, *se levant épouvanté.*

Je connais cette voix, (*apercevant Paul*) je connais ce visage. (*Marchant droit à Paul.*) Morlaix !... Morlaix !... (*S'égarant tout-à-fait, et répétant les dernières paroles de Morlaix.*) Vos jours sont à moi, monsieur, et je pourrais les prendre; mais je veux que vous viviez pour me pardonner comme je vous pardonne...

Il tombe dans le fauteuil ; Emmanuel le soutient.

MARGUERITE, *se précipitant sur son père.*

Mon père !

LAFFEUILLE, *accourant à la gauche de la marquise.*

Madame, madame ! Achard fait demander le médecin et le prêtre du château ; il se meurt !

LA MARQUISE, *regardant Paul avec effroi et montrant le marquis.*

Faites répondre qu'ils sont occupés tous deux auprès du marquis.

FIN DU TROISIÈME ACTE.

ACTE QUATRIÈME.

L'appartement de Louis Achard, représentant les deux chambres séparées par une cloison ; dans la première chambre, à gauche de l'acteur, la porte d'entrée au fond ; une croisée figurée au premier plan, couverte par un grand rideau ; au milieu à droite, la porte de communication ; dans la deuxième chambre, un lit, au fond à droite, entouré de tentures vertes ; un crucifix d'ivoire au fond du lit ; une table au chevet, sur laquelle est une lampe allumée et une Bible sur un pupître ; du même côté, une croisée, un grand fauteuil ; vis-à-vis, à gauche de la porte, une armoire. Il fait nuit.

SCENE PREMIERE.

ACHARD, *dans un fauteuil*, LAFFEUILLE, *à côté de lui.*

LAFFEUILLE.

Avez-vous besoin d'autre chose, monsieur Achard ?

ACHARD.

De rien.

LAFFEUILLE.

Voulez-vous que j'envoie quelqu'un près de vous ?

ACHARD.

Un prêtre.

LAFFEUILLE.

Mais vous savez qu'à deux lieues à la ronde il n'y a que celui du château.

ACHARD.

Alors, merci ; laissez-moi.

LAFFEUILLE.

Au revoir, monsieur Achard !

ACHARD.

Adieu.

Laffeuille sort.

SCENE II.

ACHARD, *seul.*

Le prêtre et le médecin sont occupés près du marquis. Ainsi Dieu nous appelle en même temps pour rendre le même compte : c'est justice céleste !... Mais est-ce justice humaine de me laisser mourir sans secours et sans consolation, et ne pourrions-nous partager ?... Lui, qui craint la mort, garder le médecin ; et à moi, qui suis las de la vie, m'envoyer le prêtre ?... Mais le prêtre... le prêtre !... il aurait entendu la confession ; il aurait reçu les papiers ! et la marquise !... Oh ! c'est elle, c'est cette femme qui me fait une mort solitaire et désespérée comme ma vie !... Quelques paroles de paix auraient cependant fait descendre tant de tranquillité sur ma dernière heure !... et l'adieu d'une voix consolatrice eût rendu si facile le passage de cette existence à l'autre !... (*Il renverse la tête.*) Dieu ne le veut pas ; résignons-nous à la volonté de Dieu !

SCENE III.

ACHARD, PAUL, *entrant vivement et arrivant près d'Achard.*

PAUL.

Mon père !

ACHARD.

Oh ! c'est toi ! je n'espérais plus te revoir.

PAUL.

Avez-vous pu penser que, dès que j'apprendrais votre état...

ACHARD.

Mais je ne savais où te chercher, moi, où te faire dire...

PAUL.

J'étais au château : j'ai tout appris, et je suis accouru. Mais comment êtes-vous seul, ici, sans secours ?

ACHARD.

Ils m'ont refusé un médecin, ils m'ont refusé un prêtre !

PAUL.

Je puis monter à cheval, et dans une heure...

ACHARD.

Dans une heure il serait trop tard. D'ailleurs, je le sens, un médecin maintenant serait inutile, un prêtre seul...

PAUL.

Père, je ne puis le remplacer, je le sais, dans ses fonctions sacrées; mais nous parlerons de Dieu ensemble, de sa grandeur, de sa bonté.

ACHARD.

Oui; mais terminons d'abord avec les choses de la terre, pour ne plus penser qu'à celles du ciel. On dit que, comme moi, le marquis se meurt?

PAUL.

On le dit.

ACHARD.

Tu sais qu'aussitôt sa mort, les papiers renfermés dans cette armoire devaient t'être remis?

PAUL.

Je le sais.

ACHARD.

Si je meurs avant lui, si je meurs sans prêtre, à qui confier ce dépôt? (*Lui montrant sous le chevet de son lit une clef.*) Tu prendras cette clef; elle ouvre cette armoire; tu y trouveras une cassette; tu es homme d'honneur... jure-moi que tu n'ouvriras cette cassette que lorsque le marquis sera mort.

PAUL.

Je vous le jure.

ACHARD.

C'est bien! Maintenant je mourrai tranquille.

PAUL.

Vous le pouvez; car le fils vous tient la main dans ce monde, et le père vous la tend dans le ciel.

ACHARD.

Crois-tu qu'il sera content de ma fidélité?

PAUL.

Jamais roi n'a été obéi pendant sa vie comme il l'a été après sa mort.

ACHARD.

Oui, je n'ai été que trop exact à suivre ses commandemens. J'aurais dû ne pas souffrir ce duel... j'aurais dû me refuser à en être le témoin. Écoute, Paul, voilà ce que je voulais dire à un prêtre; car c'est la seule chose qui charge ma conscience; écoute : il y a des momens de doute, où j'ai regardé ce duel solitaire comme un assassinat!... Alors, alors, comprends-tu? je ne serais pas témoin, mais complice!

PAUL.

Mon père, je ne sais si les lois de la terre sont toujours d'accord avec les lois du ciel, et si l'honneur, selon les hommes, est la vertu selon Dieu. Je ne sais si notre église ennemie du sang permet que l'offensé tente de venger lui-même son injure sur l'offenseur et si, dans ce cas, le jugement de Dieu dirige toujours ou la balle du pistolet, ou la pointe de l'épée. Ce sont là de ces questions qu'on décide non pas avec le raisonnement, mais avec la conscience. Eh bien! ma conscience me dit qu'à ta place j'aurais fait ce que tu as fait. Si la conscience qui me trompe t'a trompé aussi, plus qu'un autre j'ai droit de te pardonner, moi, et en mon nom, et en celui de mon père, je te pardonne.

ACHARD.

Merci : voilà des paroles comme il en faut à l'âme d'un mourant. Un remords est une terrible chose, vois-tu; un remords conduit à douter de Dieu, parce qu'en doutant de Dieu, on doute de la punition.

PAUL.

Écoute, moi aussi, j'ai souvent douté; car, isolé et perdu comme je l'étais dans le monde, sans famille et sans appui sur la terre, je cherchais un soutien en Dieu, je demandais à tout ce qui m'entourait une preuve de son existence, et je disais : Si je savais où trouver la tombe de mon père, je l'interrogerais.

ACHARD.

Pauvre enfant!

PAUL.

Alors, je me suis dit: Cherchons Dieu dans l'œuvre de Dieu!... Dès ce moment a commencé pour moi cette vie errante qui restera un mystère éternel entre le ciel, la mer et moi. Elle m'a égaré dans les solitudes de l'Amérique; car je pensais qu'un monde plus nouveau devait être plus près de Dieu. Et là, souvent dans ces forêts vierges, où le premier parmi les hommes, peut-être j'étais entré, sans autre abri que le ciel, sans autre couche que la terre, abîmé dans une seule pensée, j'ai écouté ces mille bruits divers de la nature qui s'endort ou du monde qui se réveille... Longtemps encore je suis resté sans comprendre cette langue inconnue, que forment en se mêlant ensemble le murmure des fleuves, la vapeur des lacs, le bruissement des forêts et le parfum des fleurs... Enfin peu à peu se souleva le voile qui couvrait mes yeux et le poids qui oppressait mon cœur; et dès lors, je commençai à croire que ces rumeurs du soir et ces bruits du crépuscule n'étaient qu'une hymne universelle, par laquelle les choses créées rendaient grâces au Créateur!... Alors j'ai cherché sur l'océan ce reste de conviction que me refusait la terre. La terre, ce n'est que l'espace; l'océan, c'est l'immensité! L'océan, c'est ce qu'il y a de plus large, de plus fort et de plus puissant après Dieu!... L'océan, je l'ai entendu rugir comme un lion irrité... puis, à la voix de son maître, se coucher comme un chien soumis. Je l'ai senti se dresser comme un géant rebelle, qui veut escalader le ciel; puis, sous le fouet de l'orage, se plaindre comme un enfant qui pleure. Je l'ai vu croisant ses vagues avec l'éclair et essayant d'éteindre la foudre avec son écume; puis s'aplanir comme un miroir, et réfléchir jusqu'à la dernière étoile du ciel. Sur la terre, j'avais reconnu l'existence; sur l'océan, je reconnus le pouvoir. Dans la solitude, j'avais entendu la voix du Seigneur; mais, comme Ézéchiel, je le vis passer dans la tempête! Dès lors, le doute fut chassé de mon cœur; je crus, et je priai!

ACHARD, *s'agenouillant, les mains jointes, et priant à demi-voix.*

Je crois en Dieu père tout puissant, créateur du ciel et de la terre!

PAUL, *continuant.*

Ce n'est point ainsi qu'un prêtre t'eût parlé, mon père ; je t'ai parlé en marin, et avec une voix plus habituée à prononcer des paroles de mort que des mots de consolation : pardonne-moi !...

ACHARD.

Tu m'as fait croire et prier comme toi ; qu'aurait fait de plus un prêtre ? (*Il marche vers son lit, appuyé sur Paul.*) Ce que tu m'as dit est grand !... laisse-moi penser à ce que tu m'as dit. (*Se mettant sur son lit.*) Quand je me sentirai mourir, je t'appellerai.

PAUL, *tirant les rideaux sur lui.*

Et sois tranquille, je serai là.

Il s'assied sur une chaise au pied du lit, et reste un instant absorbé dans ses pensées ; tout-à-coup on entend au dehors le nom de Paul.

MARGUERITE, *du dehors.*

Paul !

PAUL, *levant vivement la tête.*

Qui m'appelle ?

MARGUERITE, *près de la porte en dehors.*

Paul !

PAUL, *s'élançant vers la porte.*

C'est sa voix ! (*Il ouvre la porte et trouve Marguerite échevelée et agenouillée.*) Qu'as-tu ? dis ?

SCENE IV.

PAUL, MARGUERITE.

MARGUERITE, *se traînant sur ses genoux.*

A moi ! à moi !

PAUL, *la relevant.*

Que crains-tu ? qui te poursuit, et pourquoi viens-tu à cette heure ?

MARGUERITE.

Oh ! à toute heure du jour et de la nuit j'aurais fui, tant que la terre aurait pu me porter, j'aurais fui jusqu'à ce que je trouvasse un cœur pour y pleurer, un bras pour me défendre ; j'aurais fui... Paul !... Paul !... (*se jetant dans ses bras*) mon père est mort !...

PAUL.

Pauvre enfant, qui s'échappe d'une maison mortuaire pour retomber dans une autre ! qui laisse la mort au château, et qui la retrouve dans la chaumière !

MARGUERITE.

Oui, oui ; mais ici on meurt tranquille, et là-bas on meurt dans le désespoir ! Oh ! Paul, si vous aviez vu ce que j'ai vu !...

PAUL.

Dis-moi cela.

MARGUERITE.

Vous savez quelle influence terrible ont eue sur mon père votre voix et votre présence ?

PAUL.

Oui.

MARGUERITE.

On l'a emporté sans parole dans son appartement.

PAUL.

C'était à votre mère que je parlais ; c'est lui qui a entendu, ce n'est point ma faute.

MARGUERITE.

Eh bien, je n'ai pas pu résister à mon inquiétude, et au risque d'irriter ma mère, je suis montée pour le voir ; la porte était fermée, je frappai doucement, et j'entendis sa voix affaiblie, qui demandait qui était là.

PAUL.

Et votre mère ?

MARGUERITE.

Ma mère était absente, et l'avait enfermé en partant. Mais, lorsqu'il reconnut ma voix, lorsque je lui eus répondu que j'étais Marguerite, que j'étais sa fille, il me dit de prendre un escalier dérobé qui, par un cabinet, donnait dans sa chambre ; et une minute après, j'étais à genoux devant son lit, et il me donnait sa bénédiction avant de mourir, sa bénédiction paternelle, qui, je l'espère, appellera celle de Dieu !

PAUL.

Oui, sois tranquille ; pleure sur ton père, mon enfant, mais ne pleure plus sur toi, car tu es sauvée !

MARGUERITE.

Mais en ce moment, Paul ! comme j'étais agenouillée, comme je baisais ses mains ; en ce moment, j'entendis les pas de ma mère ; elle montait l'escalier ; je reconnus sa voix, et mon père la reconnut aussi, car il m'embrassa une dernière fois et me fit signe de fuir : j'obéis ; mais j'avais la tête si perdue, si troublée que je me trompai de porte, et qu'au lieu de prendre l'escalier par lequel j'étais venue, je me trouvai dans un cabinet sans issue. Ma mère entra avec le prêtre, et, je vous le dis, elle était plus pâle que celui qui allait mourir.

PAUL.

Mon Dieu !

MARGUERITE.

Le prêtre s'assit au chevet du lit ; ma mère se tint debout au pied. Paul, comprenez-vous ? j'étais là, ne pouvant pas fuir ; une fille forcée d'entendre la confession de son père ! n'est-ce pas affreux, dites ? Je tombai à genoux, fermant les yeux pour ne pas voir, priant pour ne pas entendre ; et cependant, malgré moi, je vis et j'entendis ; et ce que je vis et j'entendis ne sortira jamais de ma mémoire ! J'entendis mon père prononcer les mots d'adultère, de duel et d'assassinat ! et à chacun de ces mots, je vis ma mère plus pâle... haussant la voix pour couvrir la voix du mourant, et disant : Ne le croyez pas, ne le croyez pas, ne le croyez pas, mon père, c'est un fou, c'est un insensé... ne le croyez pas !... Paul, c'était un spectacle horrible, sacrilège, impie !... je sentis une sueur froide me passer sur le front, et je m'évanouis.

PAUL.

Justice du ciel !

MARGUERITE.

Lorsque je revins à moi, la chambre était silencieuse comme une tombe; ma mère et le prêtre étaient disparus. J'ouvris la porte, je jetai les yeux sur le lit, et il me sembla sous les draps, voir se dessiner la forme d'un cadavre !.. Je devinai que tout était fini... une terreur glaçante, invincible, mortelle, me poussa hors de l'appartement; je descendis l'escalier je ne sais comment, sans en toucher une marche, je crois; je traversai des chambres, des galeries ; enfin je sentis, à la fraîcheur de l'air, que j'étais dehors. Je courais... je me rappelai que vous m'aviez dit que vous seriez ici, un instinct me poussait de ce côté. Il me semblait que j'étais poursuivie par des ombres, par des fantômes !... Au détour d'une allée, étais-je insensée !... je crus voir ma mère, ma mère tout en noir ! c'est alors que vous avez entendu mes cris; je courus encore un instant; puis je tombai près de cette porte ; si elle ne s'était pas ouverte, je mourais! car je vous le dis, j'étais tellement troublée que je croyais... silence !...

S'approchant de Paul.

PAUL.

Des pas!

La porte du fond s'ouvre, la marquise paraît.

MARGUERITE, *s'enveloppant dans les rideaux de la croisée et enveloppant Paul avec elle.*

Regardez, regardez !

SCENE V.

LES MÊMES, LA MARQUISE.

Le théâtre est dans l'obscurité; la marquise entre lentement tire la porte derrière elle, la ferme à clef, et, sans voir Paul et Marguerite, traverse la première chambre, entre dans la seconde et s'arrête au pied du lit d'Achard.

ACHARD, *ouvrant un des côtés du rideau.*

Qui est là ?

LA MARQUISE, *ouvrant l'autre.*

Moi.

ACHARD.

Vous! et que venez-vous faire au lit d'un mourant ?

LA MARQUISE.

Je viens lui proposer un marché.

ACHARD.

Pour perdre son âme, n'est-ce pas ?

LA MARQUISE.

Pour la sauver! Achard, tu n'as plus besoin que d'une chose en ce monde : c'est d'un prêtre.

ACHARD.

Vous m'avez refusé celui du château.

LA MARQUISE.

Si tu le veux, dans cinq minutes il sera ici.

ACHARD.

Faites-le donc venir; mais hâtez-vous.

LA MARQUISE.

Mais si je te donne la paix du ciel, me donneras-tu la paix de la terre, dis ?

ACHARD.

Que puis-je pour vous ?

LA MARQUISE.

Tu as besoin d'un prêtre pour mourir, tu sais ce dont j'ai besoin pour vivre !

ACHARD.

Vous voulez me fermer le ciel par un parjure !

LA MARQUISE.

Je veux te l'ouvrir par un pardon.

ACHARD.

Je l'ai reçu.

LA MARQUISE.

Et de qui?

ACHARD.

De celui-là seul qui avait le droit de me le donner.

LA MARQUISE, *avec ironie.*

Morlaix est-il descendu du ciel !

ACHARD.

Non; mais il avait laissé un fils sur la terre.

LA MARQUISE.

Tu l'as donc revu aussi, toi ?

ACHARD.

Oui.

LA MARQUISE.

Et tu lui as tout dit ?

ACHARD.

Tout.

LA MARQUISE.

Et les papiers qui constatent sa naissance ?

ACHARD.

Le marquis n'était pas mort : les papiers sont là.

LA MARQUISE.

Achard ! (*tombant à genoux*) Achard ! tu auras pitié de moi!

ACHARD.

Vous à genoux devant moi, madame !

LA MARQUISE.

Oui, vieillard, oui, je suis à genoux devant toi, et je te prie, et je t'implore ! car tu tiens entre tes mains mourantes l'honneur d'une des plus nobles familles de France ! ma vie passée, ma vie à venir ; ces papiers, c'est moi, c'est plus que moi, c'est mon nom, celui de mes enfans ! et tu sais ce que j'ai souffert pour garder ce nom sans tache ? Crois-tu que je n'avais pas au fond du cœur comme les autres femmes des sentimens d'amante, d'épouse et de mère ? Eh bien ! je les ai étouffés tous les uns après les autres, et la lutte a été longue, car voilà vingt ans qu'elle dure !

MARGUERITE, *dans l'autre chambre.*

Que dit-elle ? oh ! mon Dieu !

PAUL.

Écoute! c'est le Seigneur qui permet que tout te soit dévoilé.

ACHARD.

Vous avez douté de la bonté de Dieu, madame, vous avez oublié qu'il a pardonné à la femme adultère.

LA MARQUISE.

Oui; mais les hommes ne lui avaient pas pardonné, eux... puisqu'ils allaient la lapider lorsqu'il arriva, les hommes... qui depuis vingt générations se sont habitués à respecter mon nom, à honorer ma famille, et qui n'auraient plus pour eux que honte et mépris! Ah! Dieu! (*elle se relève*) Dieu! j'ai tant souffert qu'il me pardonnera, je l'espère. Mais les hommes, ils ne pardonnent pas, eux! D'ailleurs suis-je la seule exposée à leurs injures? aux deux côtés de ma croix n'ai-je pas mes deux enfans, dont l'autre est le premier-né? Celui-là, c'est mon fils, je le sais bien, comme Emmanuel, comme Marguerite; mais ai-je le droit de le leur donner pour frère! Oublies-tu qu'aux termes de la loi il est le fils du marquis d'Auray, le chef de la famille? oublies-tu que le titre et la fortune lui appartiennent? Qu'il invoque cette loi, et que reste-t-il à Emmanuel? une croix de Malte! à Marguerite? un couvent!

MARGUERITE.

Oui, oui, un couvent; un couvent, où je puisse prier pour vous, ma mère!

PAUL.

Silence!

ACHARD.

Oh! vous ne le connaissez pas, madame!

LA MARQUISE.

Non; mais je connais l'humanité. Il peut retrouver un nom, lui qui n'a pas de nom, une fortune, lui qui n'a pas de fortune, et tu crois qu'il renoncera à cette fortune et à ce nom!

ACHARD.

Si vous le lui demandez.

LA MARQUISE.

Et de quel droit le lui demanderais-je? de quel droit le prierais-je de m'épargner, d'épargner Emmanuel, Marguerite? Il dira : Je ne vous connais pas, madame, je ne vous ai jamais vue; qui êtes-vous?

ACHARD, *s'affaiblissant*.

En son nom, madame, en son nom... je m'engage... je jure...

LA MARQUISE, *se courbant sur lui et suivant les progrès de la mort*.

Tu t'engages, tu jures... et sur ta parole tu veux que je joue les années qui me restent à vivre contre les minutes qui te restent à mourir! Je t'ai prié, je t'ai imploré, une dernière fois; je te prie et je t'implore encore : rends-moi ces papiers!

ACHARD.

Ces papiers sont à lui.

LA MARQUISE, *avec force*.

Il me les faut, te dis-je!

ACHARD.

Mon Dieu!

LA MARQUISE.

Nul ne peut venir : nous sommes seuls. Cette clef, m'as-tu dit, ne te quitte jamais.

ACHARD.

L'arracherez-vous des mains d'un mourant!

LA MARQUISE, *d'une voix sourde et tombant sur la chaise*.

Non; j'attendrai.

ACHARD, *se levant sur son séant*.

Laissez-moi mourir en paix : sortez (*prenant le crucifix*) sortez, au nom du Christ!

Il retombe et meurt.

LA MARQUISE, *se courbant sous le crucifix*.

Oh!

Elle ferme les rideaux du lit.

MARGUERITE.

Horreur! horreur!

PAUL.

A genoux, Marguerite!

LA MARQUISE, *passant son bras entre les rideaux fermés, arrache la clef des mains d'Achard, se lève, marche vers l'armoire en regardant le lit avec terreur. Paul fait la moitié du chemin, et au moment où elle approche la clef de la serrure, il lui saisit le bras, elle jette un cri*.

Ah!

PAUL.

Donnez-moi cette clef, ma mère, car le marquis est mort et ces papiers m'appartiennent.

LA MARQUISE, *reculant épouvantée*.

Ah! (*Elle tombe dans le fauteuil*.) Justice de Dieu, c'est mon fils!

MARGUERITE, *à genoux dans l'autre chambre, levant les mains au ciel*.

Bonté du ciel! c'est mon frère!

ACTE CINQUIÈME.

Même décoration qu'au troisième acte; les bougies des candélabres sont allumées et presque entièrement brûlées; il y a du feu dans la cheminée; une table garnie.

SCENE PREMIERE.

LA MARQUISE, *seule, les deux coudes appuyés sur la table, les yeux fixés sur le contrat où Lectoure avait déjà signé son nom, et le marquis la moitié du sien; elle étend la main, prend une clochette et sonne; un domestique se présente à la porte.*

Prévenez Mlle d'Auray que sa mère l'attend au salon.

Le valet obéit et la marquise reprend morne et immobile sa première attitude.

SCENE II.

LA MARQUISE, *puis* LAFFEUILLE, MARGUERITE.

LA MARQUISE, *seule*.

Quelle nuit!... il y a des momens de la vie où les hommes et les événemens se pressent comme si le temps et l'espace leur manquaient; et dire que la lutte n'est pas finie et que la mort a laissé des héritiers de son secret... mon fils... ce nom qui réjouit le cœur des mères serre et glace le mien... oui, il n'y a que ce moyen. (*Elle sonne, un domestique paraît.*) Le comte Emmanuel.

LAFFEUILLE.

Il est sorti depuis dix heures du matin avec M. le baron de Lectoure.

LA MARQUISE.

Sorti!

LAFFEUILLE.

Je l'ai vu monter en voiture.

LA MARQUISE.

Faites venir son domestique.

LAFFEUILLE.

Il est sorti avec eux.

LA MARQUISE.

Et quelle voiture ont-ils prise?

LAFFEUILLE.

Celle du baron.

LA MARQUISE.

Qu'on mette les chevaux à la mienne, et dites à ma fille que je l'attends. (*Le domestique sort.*) Qu'elle signe ce contrat et qu'elle parte pour Rennes avec son frère; car ceux-là surtout il faut qu'ils ignorent... et moi je resterai seule à l'attendre, je lui offrirai ma fortune en échange de ces papiers, et soit calcul, soit pitié, ce secret, je l'espère, restera enfermé dans les sombres murs de ce château... Oh! si chacun de ces vieux monumens avait une mémoire et un langage, quelles terribles histoires ils se raconteraient entre eux!

MARGUERITE, *dont le bruit en entrant fait lever la tête à la marquise, étendant la main vers sa mère.*

Madame...

LA MARQUISE.

Approchez... Pourquoi êtes-vous ainsi pâle et tremblante?

MARGUERITE, *balbutiant.*

La mort de mon père, si prompte, si inattendue... Enfin, j'ai beaucoup souffert cette nuit.

LA MARQUISE, *d'une voix sourde.*

Oui, oui, le jeune arbre plie et s'effeuille sous le vent, il n'y a que le vieux chêne qui résiste à toutes les tempêtes; moi aussi, Marguerite, j'ai souffert, moi aussi j'ai eu une nuit terrible... et cependant vous me voyez calme et ferme.

MARGUERITE.

Dieu vous a fait une âme forte et sévère, madame, mais il ne faut pas demander la même force et la même sévérité aux âmes des autres, vous les briseriez.

LA MARQUISE.

Aussi, je ne demande à la vôtre que l'obéissance. Marguerite, le marquis est mort, Emmanuel est maintenant le chef de la famille; vous allez à l'instant même partir pour Rennes avec Emmanuel.

MARGUERITE.

Moi! moi, partir pour Rennes! et pourquoi?

LA MARQUISE.

Parce que la chapelle du château est trop étroite pour contenir à la fois les fiançailles de la fille et les funérailles du père.

MARGUERITE.

Ma mère, ce serait une piété, ce me semble, que de mettre plus d'intervalle entre deux cérémonies aussi opposées.

LA MARQUISE.

La véritable piété, c'est d'accomplir les dernières volontés des morts: jetez les yeux sur ce contrat, et voyez-y les premières lettres du nom de votre père.

MARGUERITE.

Oh! je vous le demande, madame, mon père, lorsqu'il a tracé ces lettres que la mort est venue interrompre, mon père avait-il bien toute sa raison, toute sa volonté?

LA MARQUISE.

Je l'ignore, mademoiselle, mais ce que je sais, c'est que l'influence qui le faisait agir lui survit; ce que je sais, c'est que les parens, tant qu'ils existent, représentent Dieu sur la terre... or, Dieu m'a ordonné de terribles choses, et j'ai obéi; faites comme moi, mademoiselle, obéissez.

MARGUERITE.

Ma mère, il y a trois jours que, les larmes dans les yeux, le désespoir dans le cœur, je me traîne sur mes genoux, des pieds d'Emmanuel à ceux de cet homme, et des pieds de cet homme à ceux de mon père, aucun d'eux n'a voulu ou n'a pu m'entendre, car l'ambition ardente, ou la folie acharnée étaient là, couvrant ma voix. Enfin, me voilà arrivée en face de vous, ma mère, vous êtes la dernière que je puisse implorer, mais aussi vous êtes celle qui devez le mieux m'entendre, écoutez donc bien ce que je vais vous dire: si je n'avais à sacrifier à votre volonté que mon bonheur, je le sacrifierais, que mon amour, je le sacrifierais encore; mais j'ai à vous sacrifier mon fils... vous êtes mère, et moi aussi, madame!

LA MARQUISE.

Mère! mère, par une faute!

MARGUERITE.

Enfin, je le suis, madame, et le sentiment de la maternité n'a pas besoin d'être sanctifié pour être saint; eh bien, ma mère, dites-moi, car mieux que moi vous devez savoir ces choses, dites-moi, si ceux qui nous ont donné le jour ont reçu de Dieu une voix qui parle à notre cœur, ceux qui sont nés de nous n'ont-ils pas aussi une voix pareille? et quand ces deux voix se contredisent, à laquelle des deux faut-il obéir?

LA MARQUISE.

Vous n'entendrez jamais la voix de votre enfant, car vous ne le reverrez jamais.

MARGUERITE.

Je ne reverrai jamais mon fils! et qui peut en répondre, madame?

LA MARQUISE.

Lui-même ignorera qui il est.

MARGUERITE.

Et s'il le sait un jour... et s'il vient alors me demander compte de sa naissance? cela peut arriver, madame, et dans cette alternative, dites, faut-il que je signe?

LA MARQUISE, *après un moment de silence.*

Signez.

MARGUERITE, *de même.*

Mais si mon mari apprend jamais l'existence de cet enfant; s'il demande raison à mon amant de la tache faite à son nom et à son honneur? si dans un duel acharné, solitaire et sans témoins, dans un duel à mort, il tuait cet amant, et que tourmenté par sa conscience, par une voix qui sortirait de la tombe, mon mari perdît la raison?

LA MARQUISE, *épouvantée.*

Taisez-vous! taisez-vous!

MARGUERITE.

Vous voulez donc que, pour conserver pur et sans tache mon nom et celui de mes autres enfans, je m'enferme avec un insensé? vous voulez donc que j'écarte de moi et de lui tout être vivant? que je me fasse un cœur de fer pour ne plus sentir? des yeux de bronze pour ne plus pleurer? vous voulez donc que je me couvre de deuil comme une veuve avant que mon mari soit mort? vous voulez donc que mes cheveux blanchissent vingt ans avant l'âge?

LA MARQUISE.

Taisez-vous! taisez-vous!

MARGUERITE.

Vous voulez donc, pour que ce terrible secret meure avec ceux qui le gardent, que j'écarte de leur lit funéraire les médecins et les prêtres?... vous voulez donc enfin que j'aille d'agonie en agonie pour fermer moi-même, non pas les yeux, mais la bouche des moribonds?

LA MARQUISE, *se tordant les bras.*

Taisez-vous! au nom du ciel, taisez-vous!

MARGUERITE.

Eh bien, dites-moi donc encore de signer, ma mère, et tout cela sera, et alors la malédiction du Seigneur sera accomplie, et les fautes des pères retomberont sur les enfans jusqu'à la troisième et la quatrième génération.

LA MARQUISE, *étouffée par les sanglots.*

Oh! mon Dieu, mon Dieu! suis-je assez abaissée? suis-je assez punie?...

MARGUERITE, *tombant aux genoux de la marquise.*

Pardon, pardon, madame, pardon, pardon!

LA MARQUISE, *se levant.*

Oui, pardon, demande pardon, fille dénaturée, qui as pris le fouet de la vengeance éternelle, et qui en as frappé ta mère au visage!

MARGUERITE.

Grâce! grâce! je ne savais pas ce que je disais, ma mère; vous m'aviez fait perdre la raison! j'étais folle!

LA MARQUISE, *levant les deux mains au-dessus de la tête de sa fille.*

Oh! mon Dieu, mon Dieu, vous avez entendu les paroles qui sont sorties de la bouche de mon enfant, je n'ose pas espérer que votre miséricorde ira jusqu'à les oublier, mon Dieu; mais au moment de la punir, souvenez-vous que je ne la maudis pas.

Elle fait quelques pas pour s'éloigner.

MARGUERITE, *qui a saisi sa robe, se traîne sur les genoux en s'écriant:*

Ma mère! ma mère! grâce! grâce, oh! ma mère! (*La marquise se retourne vers sa fille, lui lance un regard terrible, la repousse et sort par la droite. Marguerite tombant et jetant un cri.*) Ah!

SCÈNE III.

MARGUERITE, *évanouie,* PAUL, *entrant par le fond.*

PAUL, *prenant sa sœur entre ses bras et la relevant à demi.*

Marguerite, ma sœur, reviens à toi!

MARGUERITE, *revenant à elle.*

Qui peut me secourir ici?... Paul!... ah! il n'y avait que lui... Paul, ma providence, c'est Dieu qui vous envoie encore.

Elle se relève aidée par Paul.

PAUL.

Ce contrat froissé sur cette table, votre évanouissement m'en disent assez; il est temps de faire cesser le supplice de la marquise, et de hâter l'entrevue que je suis venu chercher ici; Marguerite, chargez-vous d'aller la prévenir que le capitaine Paul attend ses ordres.

MARGUERITE.

J'y vais; n'ai-je pas aussi mon pardon à obtenir?

Paul la conduit jusqu'à la porte de droite.

PAUL, *seul.*

Je comprends ce qui doit se passer à cette heure dans le cœur de la marquise, elle qui après vingt ans de silence, d'isolement et d'angoisses, voit, sans qu'elle puisse deviner comment, son secret révélé à l'une des deux personnes à qui elle avait le plus d'intérêt à le cacher.

SCÈNE IV.

EMMANUEL, PAUL.

Emmanuel arrive par le fond, deux pistolets à la main. Paul le salue avec une expression douce et fraternelle, Emmanuel le lui rend avec fierté.

EMMANUEL, *posant les pistolets sur la table et s'arrêtant à quelque distance de Paul.*

J'allais à votre recherche, monsieur, et cela cependant sans trop savoir où vous trouver; car, pareil aux mauvais génies de nos traditions populaires, vous semblez avoir reçu le don d'être partout et de n'être nulle part; enfin un domestique m'a assuré vous avoir vu entrer au château. Je vous remercie de m'avoir épargné la peine que j'étais résolu de prendre en venant cette fois au-devant de moi.

PAUL.

Je suis heureux que mon désir, dans ce cas, quoique probablement inspiré par des causes différentes, ait été en harmonie avec le vôtre; me voilà, que voulez-vous de moi?

EMMANUEL.

Ne le devinez-vous pas, monsieur ? En ce cas, et permettez-moi de m'en étonner, vous connaissez bien mal les devoirs d'un gentilhomme et d'un officier, et c'est une nouvelle insulte que vous me faites.

PAUL, *d'une voix calme.*

Croyez-moi, Emmanuel...

EMMANUEL, *avec hauteur.*

Hier, je m'appelais le comte, aujourd'hui je m'appelle le marquis d'Auray, ne l'oubliez pas, monsieur. (*Paul laisse percer un sourire.*) Je disais donc que vous connaissiez bien peu les sentimens d'un gentilhomme, si vous avez pu croire que je permettrais qu'un autre que moi vidât la querelle que vous êtes venu me chercher. Oui, monsieur, car c'est vous qui êtes venu vous jeter sur ma route, et non pas moi qui suis allé vous trouver.

PAUL, *souriant.*

Monsieur le marquis d'Auray oublie sa visite à bord de *l'Indienne.*

EMMANUEL.

Trève d'arguties, monsieur, et venons au fait : hier, je ne sais par quel sentiment étrange et inexplicable, lorsque je vous ai offert, je dirai, non pas ce que tout gentilhomme, ce que tout officier, mais simplement ce que tout homme de cœur accepte à l'instant sans balancer, vous avez refusé, monsieur, et, déplaçant la provocation, vous êtes allé chercher derrière moi un adversaire, non pas précisément étranger à la querelle, mais que le bon goût défendait d'y mêler.

PAUL, *toujours avec calme.*

Croyez qu'en cela, monsieur, j'obéissais à des exigences qui ne me laissaient pas le choix de l'adversaire. Un duel m'était offert par vous, que je ne pouvais pas accepter avec vous, mais qui me devenait indifférent avec tout autre; j'ai trop l'habitude des rencontres, monsieur, et de rencontres bien autrement terribles et mortelles, pour qu'une pareille affaire soit à mes yeux autre chose qu'un des accidens habituels de mes aventureuses journées. Seulement, rappelez-vous que ce n'est pas moi qui ai cherché ce duel; que c'est vous qui êtes venu me l'offrir, et que, ne pouvant pas, je vous le répète, me battre avec vous, j'ai pris à partie M. de Lectoure, comme j'aurais pris M. de Nozay ou M. de La Jarry, parce qu'il se trouvait là, sous ma main, à ma portée, et que s'il me fallait absolument tuer quelqu'un, j'aimais mieux tuer un fat inutile et insolent qu'un brave et honnête gentilhomme campagnard, qui se croirait déshonoré s'il rêvait qu'il accomplit en songe le marché infâme que le baron de Lectoure vous propose en réalité. Eh bien, le duel a eu lieu; il est terminé sans qu'il y eût de sang versé. Dieu a permis que je le désarmasse deux fois; je pouvais le tuer; je lui ai laissé la vie; ne me demandez rien de plus et n'exigez pas d'autre explication, car, sur mon honneur, je ne puis vous la donner.

EMMANUEL, *avec impatience.*

C'est cela; et vous avez cru que je me contenterais de ce semblant de combat; vous avez cru, lorsque sur le terrain je vous laissais partir sans m'y opposer, que tout était fini; vous avez cru qu'à l'aide du manteau mystérieux dont vous enveloppez vous échapperiez à ma colère ! Eh ! monsieur, le temps des énigmes est passé ! Nous vivons dans un monde où, à chaque pas, on coudoie une réalité. Laissons donc la poésie et le fantastique aux auteurs de romans et de tragédies. Votre présence en ce château a été marquée par d'assez fatales circonstances pour que nous n'ayons pas besoin d'ajouter ce qui n'est pas à ce qui est. Lusignan de retour malgré l'ordre qui le condamne à la déportation ; ma sœur pour la première fois rebelle aux volontés de sa mère; mon père tué par votre seule présence; voilà les malheurs qui vous ont accompagné, qui sont revenus de l'autre bout du monde avec vous, comme un cortège funèbre, et dont vous avez à me rendre compte ! Ainsi, parlez, monsieur, parlez comme un homme à un homme, en plein jour, face à face, et non pas en fantôme qui, glissant dans l'ombre, échappe à la faveur de la nuit, en laissant tomber quelque mot de l'autre monde, prophétique et solennel, bon à effaroucher des nourrices et des enfans ! Parlez, monsieur, parlez; voyez, voyez je suis calme. Si vous avez quelque révélation à me faire, je vous écoute.

PAUL, *conservant le calme.*

Le secret que vous me demandez ne m'appartient pas; croyez à ce que je vous dis, et n'insistez pas davantage. Adieu.

Il fait un mouvement pour se retirer.

EMMANUEL, *s'élançant vers la porte et lui barrant le passage.*

Oh ! vous ne sortirez pas ainsi, monsieur ! je vous tiens seul à seul, dans cette chambre où je ne vous ai pas attiré, mais où vous êtes venu : faites donc attention à ce que je vais vous dire : Celui que vous avez insulté, c'est moi ! celui à qui vous devez réparation, c'est moi ! celui avec qui vous vous battrez, c'est....

PAUL.

Vous êtes fou, monsieur ! je vous ai déjà dit que c'était impossible. Laissez-moi donc sortir.

Il saisit un pistolet.

EMMANUEL, *saisissant un pistolet.*

Prenez garde !... prenez garde. (*Paul va s'accouder sur la cheminée.*) Monsieur, après avoir fait tout au monde pour vous forcer d'agir en gentilhomme, je puis vous traiter en brigand ! vous êtes ici dans une maison qui vous est étrangère, vous y êtes entré je ne sais ni pourquoi ni comment; si vous n'y êtes pas venu pour dérober notre or et nos bijoux, vous y êtes venu pour voler l'obéissance d'une fille à sa mère et la promesse sacrée d'un ami à un ami; dans l'un ou l'autre cas vous êtes un ravisseur que je rencontre au moment où il met la main sur un tré-

sor, trésor d'honneur, le plus précieux de tous. Tenez, croyez-moi, prenez cette arme (*il jette le pistolet aux pieds de Paul*), et défendez-vous !
Il saisit l'autre pistolet.

PAUL, *sans changer d'attitude.*

Vous pouvez me tuer, monsieur, quoique je ne pense pas que Dieu permette un si grand crime; mais vous ne me forcerez pas à me battre avec vous ! je vous l'ai dit et je vous le répète.

EMMANUEL.

Ramassez ce pistolet, monsieur ! ramassez-le, je vous le dis, et défendez-vous ! (*Paul, sans répondre, hausse les épaules et repousse le pistolet du pied. Emmanuel continuant et hors de lui.*) Eh bien, puisque tu ne veux pas te défendre comme un homme, meurs donc comme un chien !
Il lève le pistolet à la hauteur de la poitrine de Paul.

SCENE V.
LES MÊMES, MARGUERITE.

Marguerite pousse un cri, s'élance sur Emmanuel ; en même tems le coup part, mais la balle, dérangée par l'action de la jeune fille, passe au-dessus de la tête de Paul, et va briser derrière lui la glace de la cheminée.

MARGUERITE, *courant à Paul et le pressant dans ses bras.*

Mon frère !... mon frère, n'es-tu pas blessé ?

EMMANUEL, *laissant tomber son arme.*

Ton frère ? ton frère ?

PAUL.

Eh bien ! Emmanuel, comprenez-vous maintenant pourquoi je ne pouvais me battre avec vous ?

SCÈNE VI.
LES MÊMES, LA MARQUISE.

La porte du fond s'ouvre vivement ; la marquise, pâle, paraît, s'arrête sur le seuil, lève les yeux au ciel ; Emmanuel et Marguerite se jettent à ses genoux, tenant chacun une de ses mains et la couvrant de larmes et de baisers.

LA MARQUISE, *après une minute de silence.*

Je vous remercie, mes enfans; maintenant, laissez-moi seule avec ce jeune homme.

Emmanuel et Marguerite se relèvent, s'inclinent avec respect et sortent.

SCENE VII.
LA MARQUISE, PAUL.

La marquise ferme la porte derrière ses enfans, fait quelques pas dans la chambre, puis, sans regarder Paul, va s'appuyer sur le dos du fauteuil près de la table sur laquelle est le contrat.

LA MARQUISE, *restant debout et les yeux baissés vers la terre.*

Vous avez désiré me voir, monsieur, et je suis venue; vous avez désiré me parler, j'écoute.

PAUL, *avec un accent plein de larmes.*

Oui, madame, oui, j'ai désiré vous parler : il y a bien long-temps que ce désir m'est venu pour la première fois, et ne m'est plus sorti du cœur. J'avais des souvenirs d'enfant, qui tourmentaient l'homme. Je me rappelais une femme que j'avais vue jadis se glisser jusqu'à mon berceau, et que, dans mes rêves juvéniles, je prenais pour l'ange gardien de mes jeunes années. Depuis cette époque si vivante encore, quoique si éloignée, plus d'une fois, madame, croyez-moi, je me suis réveillé en tressaillant, comme si je venais de sentir à mon front l'impression d'un baiser maternel; puis, ne voyant personne près de moi, je l'appelais, cette femme, croyant qu'elle s'était éloignée et qu'à ma voix elle reviendrait peut-être. Voilà vingt ans que je l'appelle ainsi, madame ; et voilà la première fois qu'elle me répond. Serait-il vrai, comme j'en ai si souvent frissonné, que vous eussiez tremblé de me voir ? Serait-il vrai, comme je le crains en ce moment, que vous n'eussiez rien à me dire ?

LA MARQUISE, *d'une voix sourde.*

Et si j'avais craint votre retour, aurais-je eu tort? Vous m'êtes apparu hier seulement, monsieur, et voilà que le mystère terrible qui, à cette heure, ne devait être su que de Dieu et de moi, est connu de mes deux enfans.

PAUL.

Est-ce donc ma faute si Dieu s'est chargé de le leur révéler ?... Est-ce moi qui ai conduit Marguerite éplorée et tremblante, près de son père mourant dont elle allait demander l'appui , et dont elle a entendu la confession ! est-ce moi qui l'ai ramenée chez Achard, et n'est-ce pas vous, madame qui l'y avez suivie ? Quant à Emmanuel, le coup que vous avez entendu et cette glace brisée font foi que j'aimais mieux mourir que de sauver ma vie aux dépens de votre secret. Non, non, croyez-moi, madame, je suis l'instrument et non le bras, l'effet et non la volonté; non, madame, c'est Dieu qui a tout conduit dans sa providence infinie, pour que vous ayez à vos pieds, comme vous venez de les y voir, les deux enfans que vous avez écartés si long-temps de vos bras.

LA MARQUISE, *avec hésitation.*

Mais il en est un troisième, et je ne sais ce que je dois attendre de celui-là.

PAUL.

Laissez-lui accomplir un dernier devoir, madame, et, ce devoir accompli, il demandera vos ordres à genoux.

LA MARQUISE.

Et quel est ce devoir?

PAUL.

C'est de rendre à son frère le rang auquel il a droit; à sa sœur le bonheur qu'elle a perdu ; à sa mère la tranquillité qu'elle implore et qu'elle ne peut trouver.

LA MARQUISE.

Et cependant, grâce à vous, M. de Maurepas a refusé au baron de Lectoure le régiment qu'il lui demandait pour mon fils.

PAUL, *tirant le brevet de sa poche.*

Parce que le roi venait de me l'accorder pour mon frère.

La marquise jette les yeux sur le brevet.

LA MARQUISE.

Et cependant, vous voulez donner Marguerite à un homme sans nom, sans fortune, et, qui plus est, proscrit !

PAUL.

Vous vous trompez, madame; je veux donner Marguerite à celui qu'elle aime; je veux donner Marguerite non pas à Lusignan le proscrit, mais à M. le baron Anatole de Lusignan, gouverneur, pour sa majesté, de l'île de la Guadeloupe, et qui attend sa femme sur mon vaisseau. Voilà sa commission; prenez ces deux papiers, madame, et remettez-les vous-même à vos enfans.

LA MARQUISE, *laissant tomber un regard sur le parchemin et les recevant des mains de Paul.*

Oui, j'en conviens, voilà pour l'ambition d'Emmanuel et le bonheur de Marguerite.

PAUL.

Et en même temps pour votre tranquillité à vous, madame; car Emmanuel et Marguerite partent ce soir, l'une pour retrouver son époux, l'autre pour rejoindre son régiment, et vous demeurez isolée dans ce vieux château comme vous l'avez désiré tant de fois; n'est-ce point cela, madame, et me serais-je trompé?

LA MARQUISE.

Mais comment me dégager avec M. le baron de Lectoure?

PAUL.

Le marquis est mort, madame, n'est-ce point une cause suffisante à l'ajournement d'un mariage que la mort d'un mari et d'un père?

La marquise le regarde un instant, s'assied dans le fauteuil, écrit quelques lignes et sonne un domestique.

LA MARQUISE, *au domestique.*

Remettez dans deux heures cette lettre au baron de Lectoure.

Le domestique prend la lettre, s'incline et sort.

LA MARQUISE.

Maintenant, monsieur, que vous avez rendu justice aux innocens, faites grâce à la coupable. Vous avez des papiers qui constatent votre naissance; vous êtes le l'aîné, selon la loi du moins, vous avez droit au nom et à la fortune d'Emmanuel et de Marguerite. Que voulez-vous en échange de ces papiers?

PAUL, *tirant les papiers de sa poche.*

Permettez-moi de vous appeler une seule fois ma mère, et appelez-moi une seule fois votre fils.

LA MARQUISE, *se levant.*

Est-ce possible!

PAUL.

Vous parlez de rang, de nom, de fortune! eh! qu'ai-je besoin de tout cela? je me suis fait un rang auquel peu d'hommes de mon âge sont montés; j'ai acquis un nom qui est la bénédiction d'un peuple et la terreur d'un autre; j'amasserais si je le voulais, une fortune à léguer à un roi. Que me font donc votre nom, votre rang et votre fortune à moi, si vous n'avez pas autre chose à m'offrir, si vous ne me donniez pas ce qui m'a manqué toujours et partout, ce que je ne puis me créer, ce que Dieu m'avait accordé, ce que le malheur m'a repris... ce que vous seule pouvez me rendre... une mère! ah! rendez-moi ma mère!...

LA MARQUISE, *entraînée.*

Mon fils!... mon fils!... mon fils!...

PAUL, *s'approchant vivement de la cheminée, jetant les papiers au feu et courant se précipiter aux genoux de la marquise, qui est retombée assise.*

Ma mère!... ah! le voilà donc enfin sorti de votre cœur ce cri que j'attendais, que je demandais, que j'implorais!... merci, mon Dieu, merci!

Il cache sa tête dans le sein de la marquise.

LA MARQUISE, *lui relevant le front.*

Regarde-moi! depuis vingt ans, voilà les premières larmes qui coulent de mes yeux! donne-moi la main; (*elle la place sur son cœur*) depuis vingt ans, voilà le premier sentiment de joie qui fait battre mon cœur!... viens dans mes bras!... depuis vingt ans voilà la première caresse que je donne et que je reçois!... ces vingt ans, c'est mon expiation sans doute, puisque voilà que Dieu me pardonne; puisque voilà qu'il me rend les larmes, la joie, les caresses! Merci, mon Dieu... merci mon fils!...

Elle le couvre de baisers.

PAUL.

Ma mère!...

LA MARQUISE.

Et je tremblais de le revoir!... je tremblais en le revoyant!... je ne savais pas, moi... j'ignorais quels sentimens dormaient dans mon propre cœur! Oh! je te bénis!... je te bénis!...

En ce moment la cloche de la chapelle se fait entendre; on entend un coup de canon; Paul s'agenouille de nouveau.

LA MARQUISE.

Que fais-tu?

PAUL.

N'entendez-vous pas, ma mère?

On entend un second coup.

LA MARQUISE.

Deux coups de canon!

PAUL.

Le troisième m'indiquera qu'il faut me rendre à bord.

On entend un troisième coup.

LA MARQUISE.

Tu pars donc?

PAUL.

Cette nuit.

LA MARQUISE.

Béni soit donc le fils pieux qui après vingt ans d'angoisses et de tortures est venu rendre le calme à sa mère!

PAUL, *se relevant.*

Adieu!

LA MARQUISE.

Adieu!

PAUL.

Adieu, ma mère, adieu! adieu, je pars!

Il s'élance hors de l'appartement.

LA MARQUISE, *regardant autour d'elle.*

Et moi, je reste seule entre deux tombeaux!

FIN.

www.ingramcontent.com/pod-product-compliance
Lightning Source LLC
Chambersburg PA
CBHW060606050426
42451CB00011B/2102